**Señales binarias aleatorias
para identificar sistemas no lineales**

Reedición de la tesis de Javier Aracil

Señales binarias aleatorias para identificar sistemas no lineales

Reedición de la tesis de Javier Aracil

Francisco Javier Muros

Mc Graw Hill | **AULAMAGNA**
PROYECTO CLAVE

Señales binarias aleatorias para identificar sistemas no lineales
Reedición de la tesis de Javier Aracil

Primera edición: 2024

ISBN: 9788419786029
ISBN eBook: 9788419786739
Depósito legal: SE 2007-2023

© de los textos:
Francisco Javier Muros

© de esta edición:
Editorial Aula Magna, 2024. McGraw-Hill Interamericana de España S.L.
editorialaulamagna.com
info@editorialaulamagna.com

Impreso en España – Printed in Spain

Al profesor Javier Aracil, por la oportunidad que me ha dado de colaborar con él en esta aventura de recuperación de un trabajo de investigación pionero en su época. Ha sido un placer haber compartido tantos momentos inspiradores en este camino.

A Brayan Camilo Riveros Castellanos (Facultad de Ciencias y Educación, Universidad Distrital Francisco José de Caldas, Bogotá, Colombia), cuya inestimable ayuda ha hecho posible el maquetado de esta obra mediante plantillas LaTeX.

A Ricardo Muñoz Ortiz (Escuela Universitaria Politécnica, Universidad de Sevilla), por su valioso asesoramiento en el diseño de la portada de este proyecto.

Por último, aunque no por ello menos importante, a mi familia, a mis amigos de siempre, y a Raquel, por su incondicional apoyo y compañía en los buenos y en los malos momentos.

Francisco Javier Muros

Francisco Javier Muros, años después de terminar su tesis doctoral, quiso reconstruir su linaje académico y, al hacerlo, se acabó encontrando con mi tesis de 1969. Tras conocernos en persona, decidió dedicar parte de su tiempo a realizar una reconstrucción entusiasta y primorosa de la misma. El resultado de su trabajo lo tiene el lector en sus manos. A mí me queda expresar públicamente mi agradecimiento por esa labor que me permite, ya en una edad avanzada, rememorar unos años juveniles en los que iniciaba mi carrera en la enseñanza superior. Vaya, pues, mi más profunda gratitud al doctor Muros por su minuciosa y pormenorizada labor.

Por otra parte, también debo reconocer a las instituciones y personas que han hecho posible esta reedición. En primer lugar, a la **Escuela Técnica Superior de Ingeniería de Sevilla** en la persona de su ex-director Francisco Rodríguez Rubio, que acogió con entusiasmo, desde el primer momento, la iniciativa del doctor Muros. A él se unieron Andrés Sáez Pérez, actual director, Antonio Gómez Expósito, director de la **Cátedra Endesa**, y José María Bueno Lidón, presidente de la **Asociación de Investigación y Cooperación Industrial de Andalucía (AICIA)**. Sin su inestimable ayuda este proyecto no habría tenido lugar.

Javier Aracil

Prefacio

Cuando me puse en contacto con el profesor Javier Aracil, con motivo de una búsqueda personal de antepasados académicos, no imaginaba que fuese a terminar embarcado en la aventura de publicar esta obra, dotada de un interés que transciende su inherente contribución científica.

Efectivamente, la tesis del profesor Aracil se desarrolla en un contexto de profunda reestructuración de la enseñanza superior, la cual históricamente, desde la Ley Moyano de 1857, otorgaba privilegios a los ingenieros, reconociéndoles la equiparación con el título de doctor de las carreras de ciencias a efectos de su incorporación a la universidad. Esta tendencia cambia con la entrada en vigor de la Ley sobre Ordenación de las Enseñanzas Técnicas de 1957, que determina, entre otras cosas, que todas las escuelas de ingenieros se integren en el Ministerio de Educación Nacional, y no en los ministerios afines a las respectivas especialidades, como sucedía hasta entonces. Como consecuencia se incorporan a las universidades correspondientes a su ubicación geográfica. A partir de dicha ley se desencadenó la fundación de multitud de escuelas. Asimismo, se crea el título de *Doctor Ingeniero*, que se convierte en un requisito para llevar a cabo una vida académica. En otras palabras, se deroga el privilegio que habían tenido los ingenieros con la Ley Moyano, que los homologaba a los doctores universitarios.

La tesis doctoral en ingeniería representaba una novedad radical en el mundo de los ingenieros, quienes no aceptaron de buen grado, en principio, el cambio al que se veían sometidos, pero que tuvieron que acabar asumiéndolo. En consecuencia, este tipo de tesis en nuestro país carecía de precedentes en los que inspirarse. En los años sesenta, aquellos primeros futuros doctores ingenieros no tenían una concepción clara de en qué podía consistir una tesis en ingeniería, pues las tesis doctorales de ciencias que entonces se hacían en España poseían una orientación distinta. Los que en aquellos tiempos iniciaron su carrera en la enseñanza superior tuvieron que recurrir a tesis en ingeniería llevadas a cabo en países en los que ya estaban asentadas ese tipo de tesis, pero la obtención de ejemplares de las mismas no resultaba fácil de lograr. A modo de ejemplo, en la imagen siguiente se muestran los negativos correspondientes a uno de los trabajos de Lee y Schetzen, que ilustran los formatos accesibles de los recursos de investigación en aquella época.

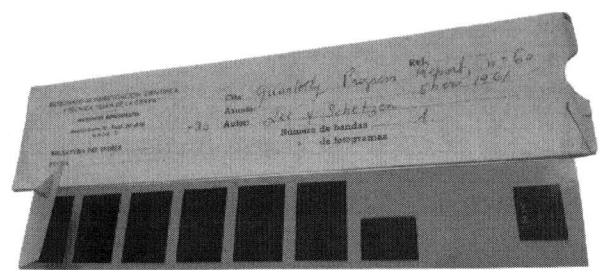

Centrándonos en el profesor Aracil, tras acabar la carrera de Ingeniería Industrial en 1965, y con idea de dedicarse a una vida académica, tuvo que enfrentarse al problema de realizar una tesis doctoral, lo cual, como se ha comentado, había sido inusual hasta aquellos momentos. Para realizar la tesis, se incorpora al Laboratorio de Servomecanismos de la Escuela Técnica Superior de Ingenieros Industriales de Madrid, dirigido por el profesor Joan Peracaula, y lo compagina con labores de profesor adjunto de Física. El desarrollo de la tesis comenzó definitivamente en 1967, cuando obtiene una beca de la Organización para la Cooperación y el Desarrollo Económico (OCDE) que le permite dejar las clases y centrarse en la investigación.

En esencia, en su tesis acometió la generalización a sistemas no lineales de procedimientos que se llevaban a cabo en aquellos tiempos con sistemas lineales, en los que la función de transferencia dominaba los métodos de diseño de sistemas de control, y en general todo su tratamiento matemático. Para la medición de esta función de transferencia en un sistema real existían distintos métodos, pero en esos años adquirió especial relevancia uno —restringido a sistemas lineales— basado en el uso de señales binarias pseudoaleatorias. Para generalizarlo a sistemas no lineales, Norbert Wiener desarrolló los sistemas no lineales en serie de funcionales, siendo el primer término de ese desarrollo precisamente la respuesta impulsional del sistema linealizado. Para llevar a cabo su tesis, Aracil tuvo que demostrar la equivalencia (a efectos estocásticos) entre señales binarias simétricas aleatorias y señales gaussianas, que eran las que había empleado Wiener en su teoría. A partir de dicho resultado construyó un intercorrelacionador generalizado, que recordaba al empleado para sistemas lineales, pero que era capaz de identificar sistemas no lineales, y que funcionaba bien experimentalmente. En la imagen de abajo se observa al doctorando Aracil en plena sesión de trabajo en el Laboratorio de Servomecanismos. Su tesis, de indudable interés teórico, tuvo además el honor de ser la primera tesis en Ingeniería Industrial de la Escuela de Ingenieros Industriales de Madrid, realizada de acuerdo con lo establecido en la mencionada ley de 1957, es decir, leída en público ante un tribunal formado por cinco miembros nombrados al efecto, como hoy en día es habitual.

Sin embargo, los métodos basados en las funciones de transferencia acabaron siendo suplantados por los basados en las variables de estado, lo que determinó que la tesis no tuviera las aplicaciones que se presumía que iba a alcanzar. No obstante, la tesis alcanzó cierta acogida más allá de nuestras fronteras, pues fue publicada en la prestigiosa revista *IEEE Transactions on Automatic Control*, siendo presumiblemente la primera vez que se publicaba en esa revista desde una escuela de ingenieros industriales española. Estos hitos hablan del interés de una tesis que rompió barreras en su época.

Profesionalmente, el profesor Aracil fue profesor adjunto (lo que hoy se denomina profesor titular) en la Universidad Politécnica de Madrid antes de aterrizar en 1969 en la recién creada Escuela Técnica Superior de Ingenieros Industriales de Sevilla, en la que fue el primer catedrático numerario, además de director de departamento y director de la Escuela, siendo profesor emérito en la actualidad. Es evidente su influencia en el desarrollo y prosperidad de la Escuela Técnica Superior de Ingeniería de Sevilla, en la cual tengo el honor de haberme formado como ingeniero y como doctor, y que tiene la «culpa» de haber unido nuestros caminos.

Sevilla, noviembre de 2023
Francisco Javier Muros

APLICACIÓN DE UNA CLASE DE SEÑALES ALEATORIAS A LA IDENTIFICACIÓN DE SISTEMAS NO LINEALES

Memoria del trabajo realizado
por JAVIER ARACIL SANTONJA,
ingeniero industrial, en el Laboratorio
de Automática de la Escuela Técnica
Superior de Ingenieros Industriales
de Madrid, como tesis para
la obtención del título de doctor.

Madrid, 15 de julio de 1969

- Director de tesis: D. Juan Peracaula Roura, catedrático de Automática de la Escuela Técnica Superior de Ingenieros Industriales de Madrid.

- Tribunal calificador de la tesis:

  - **Presidente:** D. José García Santesmases, catedrático de Física Industrial de la Facultad de Ciencias de la Universidad de Madrid.

  - D. Juan Peracaula Roura, catedrático de Automática de la Escuela Técnica Superior de Ingenieros Industriales de Madrid.

  - D. Miguel Jerez Juan, catedrático de Estadística de la Escuela Técnica Superior de Ingenieros Industriales de Madrid.

  - D. Eugenio Andrés Puente, catedrático de Electrónica de la Escuela Técnica Superior de Ingenieros Industriales de Madrid.

  - D. Rogelio Segovia Torres, catedrático de Electrónica de la Escuela Técnica Superior de Ingenieros de Telecomunicación de Madrid.

Índice general

1 Introducción   23
  1.1 Generalidades sobre sistemas   23
  1.2 Identificación de sistemas y estimación de parámetros .   24
  1.3 Identificación y control automático   26
  1.4 Noticia histórica   26
  1.5 Propósito y plan de la tesis   28

2 Bases matemáticas   31
  2.1 Noción de funcional   31
  2.2 Funcionales lineales   32
  2.3 Funcionales cuadráticos y de grado superior   35
  2.4 Series de funcionales   36
  2.5 Sistemas no lineales y funcionales 38

3 Teoría y diseño del intercorrelacionador   43
  3.1 Señales binarias aleatorias de intervalo discreto . . . 43
  3.2 Medida de los núcleos de un sistema no lineal por in-
      tercorrelación 49
  3.3 Diseño de un intercorrelacionador   50
  3.4 Consideraciones respecto a las escalas de las medidas . 54

4 Aplicaciones   57
  4.1 Implementación del diseño del intercorrelacionador . . . 57
  4.2 Aplicaciones del intercorrelacionador al análisis de sis-
      temas   61
  4.3 Conclusiones 66

A Continuidad de funcionales   69

B Transformadas multidimensionales y asociación de variables   71

C Familia de funcionales ortogonales de Wiener   75

D   Método de Lee-Schetzen   79

E   Realización de un circuito de tiempo para el mando del
tiempo medio   83

Índice de figuras

1.1   Sistema con una entrada $x(t)$ y una salida $y(t)$.   24

2.1   Sistema lineal en serie con elevador al cuadrado, donde $H(s)$ es la transformada de Laplace de la respuesta impulsional $h(\tau)$.   35

2.2   Sistema de la figura 2.1 con realimentación.   41

3.1   Señal binaria aleatoria de intervalo discreto (BAID). . .   44

3.2   Función de autocorrelación de señales BAID.   44

3.3   Procedimiento de generación de una señal BAID.   52

3.4   Método para reducir el producto de $y(t)$ y $x(t, \tau_1, \ldots, \tau_n)$ a una modulación.   53

3.5   Esquema completo del diseño del intercorrelacionador.   55

4.1   Esquema de conexiones realizadas para el montaje del intercorrelacionador.   58

4.2   Registro de desplazamiento.   58

4.3   Relé KEMREED M110/ICG2/6V utilizado como módulo conversor.   59

4.4   Sumadores módulo 2 LOGIKIT.   59

4.5   Conexiones sobre el panel del integrador.   60

4.6   Esquema del sistema usado como caso de estudio. . . .   61

4.7   Representación de la evolución de $K_1(\tau)$ respecto a $m = \frac{\tau}{\vartheta}$ según los datos de la tabla 4.1, lo que modela la respuesta impulsional de un sistema de primer orden. .   63

4.8   Esquema de programación del sistema no lineal.   63

4.9   Imagen tridimensional del núcleo.   64

4.10   Representación de la evolución del núcleo $K_2(\tau_1, \tau_2)$ para distintos valores de $\alpha = \frac{\tau_1}{\vartheta}$ y $\beta = \frac{\tau_2}{\vartheta}$, según los datos de la tabla 4.2.   66

D.1   Diagrama de generación de un núcleo K_n mediante el promedio de las señales $y(t)$ y $x(t - \tau_1)$.   82

E.1 Diagrama de tensión variable en el tiempo. 83
E.2 Montaje del circuito de tiempo. 84
E.3 Representación temporal del reloj frente a los biesta-
     bles BS1 y BS2. 84

Índice de tablas

3.1   Operaciones producto en $\{-1,1\}$ y suma módulo 2 en $\{0,1\}$. 52

4.1   Resultados de $V(m)$ y $K_1(\tau)$ en función de m. 62

4.2   Medidas de $V(\alpha,\beta)$ (dato superior de cada celda) y $K_2(\tau_1,\tau_2) = \frac{10\,V(\alpha,\beta)}{2a^2\vartheta^2 T} = 1{,}02 \cdot 10^{-2} V(\alpha,\beta)$ (dato inferior) para distintos valores de α y β. Nótese que los valores de $K_2(\tau_1,\tau_2)$ de la tabla deben multiplicarse por 10^{-2}. . 65

B.1   Asociaciones típicas de $Y(s_1,s_2)$ con $Y(s)$. 73

Capítulo 1
Introducción

1.1. Generalidades sobre sistemas

En el presente trabajo se entiende por *sistema* a un conjunto de elementos físicos entrelazados operativamente entre sí, de manera que la evolución de uno de ellos pueda afectar a los demás. Los sistemas aquí considerados serán accesibles en distintos puntos por señales de entrada o excitación que determinarán cambios en magnitudes físicas del sistema, registrables en otros puntos en donde se tienen las señales de salida. En realidad, los sistemas que se consideran en lo que sigue dispondrán de un único punto de entrada y de salida en donde se tendrán las correspondientes señales de entrada y salida.

El estado de la salida del sistema en un determinado instante será función no solo del valor de la entrada en ese momento, sino de todo el pasado de esta señal. Se dirá entonces que el sistema tiene *memoria*, y formalmente se puede considerar que realiza una transformación sobre el pasado para dar el presente. Se puede igualmente considerar un sistema como un *procesador de información*.

En principio, es posible ligar las señales de entrada y salida por relaciones matemáticas que constituyen el *modelo matemático* del sistema. Este modelo normalmente tomará la forma de una relación implícita entre ambas señales que la mayoría de las veces será una ecuación diferencial. Dicha ecuación unas veces se obtendrá por consideraciones teóricas respecto a los elementos que componen el sistema, pero frecuentemente se desconocerá la estructura del mismo y, por tanto, solo se tendrán los puntos de acceso al sistema y la posibilidad de mediciones en estos puntos. El sistema constituye entonces lo que se llama una *caja negra*. Afortunadamente el sistema deja una *traza* o *estela* en las señales que lo atraviesan de manera que a partir de estudios sobre estas señales es posible obtener su modelo matemático. Esto es precisamente el objetivo de la *identificación* del sistema, que se discutirá posteriormente.

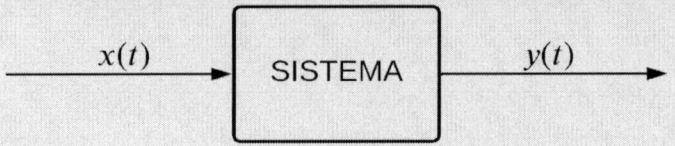

Figura 1.1: Sistema con una entrada $x(t)$ y una salida $y(t)$.

La acción del sistema sobre las señales de entrada puede ser *lineal*, si se cumple el *principio de superposición* o *no lineal* si no se cumple. Desde un punto de vista matemático sería una gran ventura que todos los sistemas admitieran un modelo lineal. Desdichadamente no es ese el caso, y en la práctica se presentan gran cantidad de sistemas cuyo comportamiento es claramente no lineal. Interesa, por lo tanto, disponer de una teoría que permita estudiar dichos sistemas.

Hablando propiamente, no debe distinguirse entre sistemas lineales y no lineales como dos clases independientes de sistemas, sino que más bien debe considerarse a los sistemas lineales como una clase particular de los no lineales. En consecuencia, toda buena teoría de sistemas no lineales debe comprender a los lineales como un caso particular bajo ciertas condiciones límites. En esta tesis se va a adoptar una teoría de sistemas no lineales que cumple la anterior condición, como se verá en su momento, y que fue sugerida inicialmente por el matemático americano Norbert Wiener.

Resumiendo lo anterior, cabe decir que un sistema actúa sobre una señal de entrada para dar una señal de salida, y que ambas están ligadas por relaciones matemáticas que constituyen el modelo del mismo. En lo que sigue se representará gráficamente el sistema por medio de un bloque tal como el de la figura 1.1, con dos trazos, uno representando la señal de entrada $x(t)$ y otro la de salida $y(t)$.

1.2. Identificación de sistemas y estimación de parámetros

Se ha indicado en el apartado 1.1 que los sistemas dejan una traza en las señales que los atraviesan, de la que es posible extraer el modelo matemático del mismo. Este es el objetivo de una rama muy importante del estudio de los sistemas que constituye el *análisis* de los mismos sometiéndolos a ciertos tipos de señales y examinando las respuestas a las mismas. Puede haber cierta confusión en torno a la palabra «análisis» tal como aquí se emplea. En matemáticas esta voz tiene un sentido distinto que debe claramente distinguirse del arriba propuesto. Por tanto, será completamente diferente el significado del análisis de sistemas no lineales en el sentido indicado arriba que en un tratado de matemáticas.

El análisis de los sistemas consta de dos partes perfectamente diferenciadas. La primera es la *identificación* del mismo, que teóricamente consiste en el establecimiento de un esquema al que se puedan ajustar una clase de sistemas a la que pertenece el estudiado. La segunda recibe el nombre de *estimación de parámetros* y consiste en la determinación de los parámetros que permitan establecer completamente el modelo del sistema considerado. Para aclarar ideas, cabe decir que la identificación consiste en establecer un modelo matemático general que pueda ajustarse al sistema, y la estimación de parámetros se basa en la determinación de los parámetros de dicho modelo que hagan que se ajuste en su comportamiento al sistema. Evidentemente se trata de dos pasos sucesivos.

En el presente trabajo se adopta un modelo matemático susceptible de realización física en el que se encuadran una amplia clase de sistemas no lineales, y que fue suministrado por la teoría de Wiener de sistemas no lineales [48]. Según esta teoría, la clase de señales idónea para el análisis de sistemas la constituyen las *señales aleatorias*. Para sistemas lineales es bien sabido que el *análisis de frecuencia* suministra la suficiente información para el establecimiento de los correspondientes modelos. Pero no ocurre así, en general, para sistemas no lineales. Respecto a los mismos, Wiener estableció que la clase de señales de prueba adecuadas era la de señales gaussianas aleatorias de espectro de densidad de potencia plano, es decir, *blancas*. Para ello se basó en un razonamiento extremadamente simple, al considerar que para estas señales existe una probabilidad finita de que en algún momento se aproxime cualquier función del tiempo todo lo que se quiera. En consecuencia, si dos sistemas tienen la misma respuesta a una señal blanca gaussiana, tendrán la misma respuesta para cualquier entrada y, por lo tanto, serán equivalentes.

1.3. Identificación y control automático

La identificación de sistemas constituye uno de los aspectos principales a la hora de examinar un sistema de control. Esto se debe a que los procedimientos de diseño de un sistema para que cumpla unas ciertas especificaciones se basan en estudios sobre los modelos matemáticos de los mismos. Estos modelos matemáticos deben ser conocidos previamente, y para ello es necesario analizar los elementos constitutivos del bucle de control.

Sin embargo, las técnicas descritas en la presente tesis están destinadas, más que al estudio previo al diseño y montaje al que se ha aludido más arriba, a la obtención de modelos del sistema trabajando en las condiciones reales de funcionamiento. Este tipo de análisis sobre modelos de sistemas trabajando en tiempo real y suministrando información continuamente sobre el estado del sistema y sus variaciones, tiene particular interés en control adaptativo y en control de procesos, y recibe el nombre de *identificación en tiempo real*.

1.4. Noticia histórica

La teoría matemática de los sistemas no lineales no ha alcanzado el grado de desarrollo de la de los sistemas lineales. Esto es razonable porque al comprender la clase de los sistemas no lineales la totalidad de los sistemas concebibles, no existen propiedades simplificadoras que faciliten el estudio. Existen distintos métodos aplicables para unos u otros casos, pero los métodos que en ciertos problemas son operativos en otros carecen de interés. No obstante, se realizaron importantes estudios en torno a la búsqueda de una base teórica común que permitiese abordar todos los problemas de sistemas no lineales bajo una perspectiva unificadora.

En tal sentido cabe destacar las aportaciones de la escuela rusa, principalmente de Lyapunov, y del francés Poincaré. Todas sus investigaciones se dirigieron principalmente al estudio de ecuaciones diferenciales no lineales y a la investigación de propiedades de sus soluciones, como, por ejemplo, la *estabilidad*. No obstante, la representación de los sistemas no lineales adoptada en este trabajo no tiene nada que ver con dichos estudios. Se basa más bien en una representación explícita de la relación entre la entrada y la salida del sistema, cuyos orígenes teóricos se encuentran en la obra del matemático italiano Vito Volterra [47]. Dicha relación explícita recibe el nombre de *funcional* y será estudiada en el capítulo 2. Wiener [48] empleó por primera vez dichos funcionales para la caracterización de sistemas en su teoría de sistemas no lineales.

Los trabajos de Wiener en ese sentido se remontan a principios de la década de los cuarenta, pero hasta finales de la década de los sesenta no concluyó su teoría tal como hoy la conocemos. Jugó un papel primordial en su síntesis un trabajo de Cameron y Martin [8] sobre el desarrollo ortogonal de funcionales no lineales. A principios de la década de los cincuenta empezó a explicar Wiener su teoría en seminarios y cursos especiales impartidos en el *Massachusetts Institute of Technology* (MIT), e inmediatamente se creó en torno a él un grupo de estudiosos que empezaron a desarrollar dicha teoría.

En la creación de este grupo jugó un papel primordial Lee, profesor del MIT, que ya había colaborado con Wiener en 1930, entonces en estudios sobre sistemas lineales. La principal aportación de todo este grupo se resume en una serie de investigaciones que ampliaron y desarrollaron la primitiva obra de Wiener. Además de las contribuciones de Lee [30, 31], cabe destacar los trabajos de Brilliant [7], Bose [5,6], George [18], Schetzen [39–43], Zames [54–56], Chesler [9–11], Van Trees [45,46], Deustsch [12,13], y Singleton [44]. En Europa son destacables las aportaciones de Gabor [16,17] y Alper [1,2], entre otros.

Fruto de todos estos trabajos fue la creación de una teoría de sistemas no lineales perfectamente trabada. Su aplicación práctica, sin embargo, aunque en principio posible, adolecía de grandes dificultades. En efecto, si bien la teoría indica la forma matemática de la relación entre la entrada y la salida de un sistema, e incluso cómo se pueden determinar los parámetros y funciones que intervienen en dicha relación, la determinación práctica de los mismos sobre un sistema real es lenta y costosa.

Paralelamente a los trabajos del equipo de Wiener-Lee en el MIT se desarrollan los de Zadeh [50–53], fruto de los cuales se establece una clasificación jerárquica de los sistemas, según la relación funcional entre la entrada y la salida a los mismos.

Al mismo tiempo se desarrollaron en la extinta Unión Soviética estudios similares. De la escuela soviética cabe destacar los trabajos de Pugachev [36,37] y Kichatov [21,22]. El primero bautizó estos trabajos con el nombre de *teoría de sistemas reducibles a la linealidad.*

No obstante, en esta tesis, la fuente de inspiración teórica viene directamente de la obra de Wiener y de sus discípulos, especialmente de los trabajos de Lee y Schetzen.

Lo comentado anteriormente se refiere a la historia de las fuentes teóricas de este trabajo. Por lo que se refiere a los orígenes de la parte práctica, cabe decir que estos se remontan al empleo de señales binarias en la identificación de sistemas lineales, empleo que el autor ha generalizado a sistemas no lineales. El empleo de unas señales tecnológicamente equivalentes a las aquí empleadas con estos fines se establece principalmente en la tesis doctoral de Hughes [20] y posteriormente se desarrolla en cantidad de trabajos y aplicaciones [19,49]. El empleo de estas señales se basa en la facilidad con que se manejan, lo que hace posible su aplicación a problemas que de otra suerte requerirían un material extraordinariamente caro. Todo ello se pondrá de manifiesto en los capítulos 3 y 4.

1.5. Propósito y plan de la tesis

La presente tesis está destinada al análisis de sistemas no lineales empleando como señales de prueba señales aleatorias. En particular, la clase de señales empleada será la de las señales binarias de intervalo discreto con las propiedades que se definirán en el apartado 3.1.

Las aportaciones originales más interesantes de esta tesis se pueden resumir en los dos siguientes puntos:

1. Demostrar, para la clase de señales de prueba empleadas, que presentan unas propiedades que constituyen una primera aproximación de las señales gaussianas. En consecuencia, la teoría de Wiener es aplicable —en primera aproximación— empleando este tipo de señales.

2. Diseñar un tipo de intercorrelacionador que se beneficia de la facilidad de manejo de las señales binarias de intervalo discreto.

Nótese que en 1) se centra la aportación teórica de este trabajo, mientras que en 2) se hace un uso práctico de dicha teoría. Teniendo esto en cuenta, la redacción de la tesis está estructurada en cuatro capítulos. El primero de introducción ocupa hasta aquí. En el segundo se recogen algunos aspectos básicos de la teoría de funcionales aplicados a la caracterización de sistemas no lineales. Dicho capítulo tiene un aspecto marcadamente informativo y se pretende con el mismo introducir ciertos conceptos matemáticos más desde un punto de vista intuitivo que riguroso. En el tercer capítulo se desarrolla la teoría de señales sobre la que se basa la tesis propuesta, y en el cuarto se resumen algunas aplicaciones experimentales de la misma. Asimismo, para facilitar la lectura de la tesis, se reúne material adicional en varios apéndices.

Capítulo 2
Bases matemáticas

2.1. Noción de funcional

De una manera formal, se define un *funcional* como una relación que hace depender a una cierta variable y del conjunto de valores que toma otra variable $x(\tau)$, en un cierto intervalo de τ, $a \leq \tau < b$, y se expresa de la forma

$$y = F[x(\tau)]. \tag{2.1.1}$$

Obsérvese que también puede definirse diciendo que es una función, cuyo argumento es el conjunto de valores tomados por $x(\tau)$, en un cierto intervalo $a \leq \tau < b$, y cuyo valor es un número. Empleando la terminología clásica, se dice que un funcional $F[\cdot]$ es una aplicación de un espacio funcional en $\mathbb{R}$.

Las matemáticas y, en sentido amplio, las ciencias con ella relacionadas, presentan ejemplos en los que se tienen relaciones de la forma (2.1.1). Tal es el caso, en física, por ejemplo, del cálculo del trabajo entre dos puntos, magnitud cuyo valor depende en general del camino elegido. En este caso, el parámetro τ puede no tener ninguna significación física. En los casos que nos van a ocupar nos referiremos a problemas en los cuales τ tiene un significado temporal, por lo que el funcional dará una cantidad que dependerá de la evolución de una cierta magnitud durante un periodo de tiempo que será siempre el transcurrido desde el pasado remoto ($-\infty$) hasta el momento actual. Los fenómenos en los cuales aparecen funcionales de esta forma se suelen llamar *hereditarios* (ver Volterra [47], pág. 188 y siguientes).

La aplicación concreta que se va a hacer aquí de la noción de funcional va a consistir en establecer una relación del tipo (2.1.1) entre la entrada y salida de un sistema, en la cual el valor actual de salida depende de toda la *historia* previa de la señal de entrada. Como relaciones del tipo (2.1.1) pueden establecerse tanto para sistemas lineales como no lineales, si se llega a establecer su estructura para cierta clase de sistemas, se puede considerar resuelto el problema de identificación para esta clase. Esto se consigue con el desarrollo de una relación del tipo (2.1.1) en serie de funcionales de Volterra, según se va a ver a continuación.

A los funcionales así definidos se pueden extender los conceptos matemáticos establecidos para las funciones ordinarias, tales como los de límite, continuidad, derivación, etc., como una simple generalización, más o menos laboriosa, de los establecidos para aquellas. En tal sentido, se reúnen algunas consideraciones en el apéndice A.

La introducción de la noción de funcional adquiere un carácter particularmente simple a partir de la noción de función de diversas variables. En efecto sea

$$y = f(x_1, x_2, \ldots, x_n), \tag{2.1.2}$$

una función de n variables y sean estas n variables los valores que toma $x(\tau)$ para un conjunto de valores $\tau_1, \tau_2, \ldots, \tau_n$. El valor de la función depende, por lo tanto, de los tomados por $x(\tau)$ en n puntos de su campo de existencia. Si el número de puntos considerados crece indefinidamente hasta cubrir todo el intervalo $[a, b]$, la noción de función de diversas variables suministra una buena aproximación a la de funcional. Si bien desde un punto de vista riguroso tal introducción requiere una mayor matización, desde un punto de vista físico y en orden a las aplicaciones que se van a hacer posteriormente es muy simplificadora, por lo que se empleará en lo que sigue.

2.2. Funcionales lineales

El caso más simple de funcional se presenta al considerar una función lineal de diversas variables de la forma

$$y = f(x_1, x_2, \ldots, x_n) = \sum_{i=1}^{n} a_i x_i, \tag{2.2.1}$$

siendo x_i los valores de $x(\tau)$ tomados en n puntos del campo de existencia de τ. Haciendo $a_i = b_i \Delta\tau_i$, con $\Delta\tau_i = \tau_{i+1} - \tau_i$, se tiene

$$y = f(x_1, x_2, \ldots, x_n) = f[x_i] = \sum_{i=1}^{n} b_i x_i \Delta\tau_i, \tag{2.2.2}$$

Estableciendo una sucesión de particiones $x_1, x_2, \ldots, x_n$, y en el supuesto de que (2.2.2) tenga límite, al hacer $n \to \infty$ se tiene que (2.2.2) se convierte en

$$y = F[x(t)] = \int_{-\infty}^{t} b(\tau)x(\tau)d\tau, \qquad (2.2.3)$$

que recibe el nombre de *funcional lineal* o *de primer grado*. Esencialmente, lo que se ha hecho ha sido reemplazar un índice discontinuo i, por uno continuo, el parámetro τ, y a su vez cambiar la suma respecto a i por la integración respecto a τ.

En la expresión (2.2.3) se ve que y depende del conjunto de valores tomados por $x(\tau)$ en el intervalo considerado. La función $b(\tau)$ actúa como función ponderatriz, de manera que en el valor de y tengan mayor o menor importancia los valores de $x(\tau)$ según el valor de τ.

El funcional (2.2.3) será *lineal*, pues cumple las dos propiedades exigidas para ello. En efecto, F es un funcional *aditivo*, ya que es inmediato que

$$y = F[x_1 + x_2] = F[x_1] + F[x_2], \qquad (2.2.4)$$

y, además, es *homogéneo*, puesto que

$$y = F[\alpha x_1] = \alpha F[x_1], \qquad (2.2.5)$$

siendo $\alpha \in \mathbb{C}$.

En lo que sigue, y tal como se ha indicado anteriormente, el parámetro τ será el tiempo y el intervalo considerado será $-\infty < \tau \leq t$, definiendo t al instante actual o presente. Es evidente que en este caso el valor de y será función de t, es decir, del momento considerado, y lo mismo sucederá con la función ponderatriz que se denotará en lo sucesivo por $h(t, \tau)$. En tal caso, (2.2.3) se reescribe

$$y(t) = \int_{-\infty}^{t} h(t, \tau)x(\tau)d\tau. \qquad (2.2.6)$$

Un sistema recibe el nombre de *físicamente realizable* si el valor actual de la salida depende exclusivamente de los valores tomados por la entrada en el pasado, pero nunca en el futuro. Formalmente se exige que

$$h(t, \tau) = 0, \quad \text{para } \tau > t. \qquad (2.2.7)$$

33

Teniendo presente (2.2.7), la expresión (2.2.6) se puede escribir de la forma

$$y(t) = \int_{-\infty}^{\infty} h(t, \tau)x(\tau)d\tau, \qquad (2.2.8)$$

en la que además se puede prescindir de los límites de integración, como se hará en lo sucesivo.

Otro concepto interesante es el de invariancia en el tiempo de un sistema. Se dice que un sistema es *invariante en el tiempo* si la forma de la respuesta no depende del instante de aplicación de la señal de excitación. Formalmente equivale a que $h(t, \tau) = h(t - \tau)$. En efecto, tomando como señal de prueba un impulso unitario $\delta(t)$, se tiene que la respuesta al mismo aplicado en el instante inicial será

$$y(t) = \int h(t, \tau)\delta(\tau)d\tau = h(t, 0),$$

y aplicado en el instante $\tau = \mu$, será

$$y(t) = \int h(t, \tau)\delta(\tau - \mu)d\tau = h(t, \mu).$$

La invariancia en el tiempo exige que el valor de $y(t)$ en un cierto instante ϑ y en el instante $\mu + \vartheta$ sean iguales, por tanto,

$$h(\vartheta, 0) = h(\mu + \vartheta, \mu),$$

y como esto ha de ser cierto para cualquier ϑ y μ, se tiene que $h(t, \tau)$ depende exclusivamente de $t - \tau$, es decir,

$$h(t, \tau) = h(t - \tau). \qquad (2.2.9)$$

Teniendo presente (2.2.9), la expresión (2.2.8) se convierte en

$$y(t) = \int h(t - \tau)x(\tau)d\tau = \int h(\tau)x(t - \tau)d\tau, \qquad (2.2.10)$$

forma bien conocida de la respuesta de un sistema a una entrada $x(t)$ en función de la respuesta impulsional del mismo $h(\tau)$.

Por tanto, los sistemas considerados en el presente trabajo serán *físicamente realizables* e *invariantes en el tiempo*.

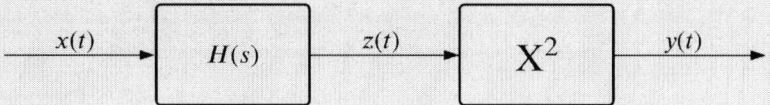

Figura 2.1: Sistema lineal en serie con elevador al cuadrado, donde $H(s)$ es la transformada de Laplace de la respuesta impulsional $h(\tau)$.

Nótese que la expresión (2.2.10) se suele escribir de la forma más compacta

$$y(t) = H_1[x(t)],\qquad(2.2.11)$$

en donde el subíndice de H indica que el funcional es lineal o de primer grado.

A la función $h(\tau)$ se la conoce, además de como respuesta impulsional del sistema, con el nombre de *núcleo de primer orden* del funcional.

2.3. Funcionales cuadráticos y de grado superior

En un orden creciente de complejidad a la consideración de expresiones de la forma (2.2.1) sigue la de expresiones tales como

$$y = f(x_1, x_2, \ldots, x_n) = \sum_{i=1}^{n} \sum_{j=1}^{n} a_{ij} x_i x_j,\qquad(2.3.1)$$

a las que consideraciones similares a las del apartado anterior conducen a la forma de los *funcionales de segundo grado* o *cuadráticos* físicamente realizables e invariantes en el tiempo

$$y(t) = H_2[x(t)] = \int\int h_2(\tau_1, \tau_2)x(t - \tau_1)x(t - \tau_2)d\tau_1 d\tau_2.\qquad(2.3.2)$$

Físicamente, es fácil concebir un elemento que responde a la anterior caracterización. En efecto, basta considerar un sistema lineal en serie con un elevador al cuadrado, tal como se indica en la figura 2.1. En tal caso, es evidente que

$$z(t) = \int h(\tau)x(t - \tau)d\tau,$$

y que

$$y(t) = z^2(t) = \int \int h(\tau_1)h(\tau_2)x(t-\tau_1)x(t-\tau_2)d\tau_1 d\tau_2. \qquad (2.3.3)$$

La función $h_2(\tau_1, \tau_2)$ recibe el nombre de *núcleo de segundo orden* del funcional y en casos como el del ejemplo anterior, en que sea posible escribir

$$h_2(\tau_1, \tau_2) = h(\tau_1)h(\tau_2), \qquad (2.3.4)$$

se dice que el núcleo es *separable*. No todos los núcleos son separables. No obstante, la síntesis de un sistema con núcleo no separable es también posible, en general.

Nótese que, en este caso, la condición que debe cumplir el sistema cuadrático para ser físicamente realizable es

$$h_2(\tau_1, \tau_2) = h(\tau_1)h(\tau_2) = 0, \quad \text{para } \tau_1 > t \text{ ó } \tau_2 > t.$$

De la misma forma se introducen los funcionales cúbicos y en general *de grado n*. Es decir,

$$y(t) = H_n[x(t)] = \int \cdots \int h_n(\tau_1, \ldots, \tau_n) \prod_{i=1}^{n} x(t-\tau_i)d\tau_1 \ldots d\tau_n. \quad (2.3.5)$$

Un funcional de la forma (2.2.10), (2.3.2), o, en general (2.3.5), recibe también el nombre de *funcional regular homogéneo* del grado correspondiente. Estos funcionales corresponden a formas generalizadas de la integral de convolución referida a los sistemas lineales.

La suma de varios funcionales regulares homogéneos de distinto grado recibe el nombre de *funcional regular no homogéneo* de grado n, siendo n el grado del mayor funcional regular homogéneo.

2.4. Series de funcionales

En las secciones 2.1, 2.2 y 2.3 se han introducido la noción de funcional a partir de la consideración de una función de diversas variables, considerando que esta función tuviese formas particularmente simples tales como las mostradas en (2.2.1) y (2.3.1), y convirtiendo, hablando llanamente, sumas en integrales.

El mismo procedimiento se puede emplear en el caso más general en que la función de diversas variables considerada no admita una forma tan simple como las expresiones comentadas. Sea, por ejemplo,

$$y = f(x_1, x_2, \ldots, x_n),$$

la función considerada y supóngase que se desarrolla en serie de Taylor

$$y = a + \sum_{i}^{n} a_i x_i + \sum_{i}^{n} \sum_{j}^{n} a_{ij} x_i x_j + \cdots + \sum_{i}^{n} \cdots \sum_{k}^{n} a_{i\ldots k} x_i \ldots x_k + \ldots$$

(2.4.1)

Cabe observar que el segundo término del desarrollo corresponde a (2.2.1) y el tercero a (2.3.1), lo que nos permite establecer que una forma más general de la dependencia entre los valores x_i y el valor y nos lleva a una suma de términos, cada uno de los cuales ha conducido a la noción de funcional regular homogéneo. En consecuencia, razonamientos similares a los empleados en las secciones 2.2 y 2.3 nos llevan a considerar que una forma general de expresar la relación entre la entrada de un sistema y su salida puede escribirse como

$$y(t) = h_0 + \int h_1(\tau) x(t-\tau) d\tau + \iint h_2(\tau_1, \tau_2) x(t-\tau_1) x(t-\tau_2) d\tau_1 d\tau_2 + \ldots$$

(2.4.2)

La expresión (2.4.2) recibe el nombre de *desarrollo de Volterra del funcional* [47], y los elementos h_n se conocen como *núcleos de Volterra de orden n*. Tal expresión comprende tanto a sistemas lineales como no lineales. En realidad, nótese que los sistemas lineales son una clase particular del conjunto de todos los sistemas expresables por (2.4.2).

El hecho de que la expresión (2.4.1) tenga un radio de convergencia $R > 0$, significa que converge para todo $|x_i| < R$. De forma paralela, se define el radio de convergencia de (2.4.2) como el valor máximo de R tal que para $|x(t)| < R$ la expresión (2.4.2) converja. Si existe dicho valor R el funcional se llama *analítico*.

La introducción que se ha hecho del concepto de desarrollo en serie de Volterra de un funcional es eminentemente intuitiva. Para una introducción más rigurosa hay que recurrir a los conceptos esbozados en el apéndice A y estudiar la posibilidad del desarrollo en serie de un funcional de una manera paralela a como se estudia el desarrollo en serie de una función. Este razonamiento conduciría a establecer una generalización del teorema de Weierstrass [38] para funciones que, como se sabe, establece que toda función continua puede aproximarse cuanto se quiera por medio de un polinomio. En el caso de funcionales, el teorema aludido establece que todo funcional continuo puede aproximarse tanto cuanto se quiera por medio de un funcional regular no homogéneo. Estudios más completos sobre este punto pueden verse en Volterra [47], Blackman [4] y Brilliant [7].

2.5. Sistemas no lineales y funcionales

Todo lo expuesto en los apartados anteriores nos lleva a considerar que un procedimiento idóneo para la caracterización de sistemas no lineales es su consideración como funcionales sobre la entrada y el desarrollo en serie de los mismos, tal como indica (2.4.2). La representación de sistemas no lineales por funcionales de la forma (2.4.2) fue sugerida por Wiener [48] y constituye la base de su teoría de sistemas no lineales. Presenta, entre otras, las siguientes ventajas:

a) Suministra una relación entre la entrada $x(t)$ y la salida $y(t)$ de un sistema de forma explícita.

b) Admite una generalización del cálculo con transformadas de Laplace para los sistemas lineales.

c) Facilita el establecimiento de procedimientos recurrentes para la resolución de ecuaciones no lineales.

d) Permite los estudios con señales aleatorias.

Su principal inconveniente deriva del hecho de tratarse de un desarrollo en serie, lo que obliga en cada caso a tener que considerar un número limitado de términos con el consiguiente error. En cualquier caso, con no linealidades no excesivamente agudas se obtienen excelentes resultados con pocos términos.

A continuación se van a considerar las anteriores ventajas referidas a sistemas particularmente simples en los que estas se pongan claramente de manifiesto. Considérese en primer lugar un sistema tal como el de la figura 2.1, formado por un sistema lineal de respuesta impulsional $h(\tau)$ seguido de un elevador al cuadrado. Es decir, consta de una parte lineal con memoria y una parte no lineal sin ella. Este sistema es un caso particular y simple del más complejo en que la parte no lineal tuviese una característica de forma cualquiera desarrollable, o al menos aproximable, por un polinomio. Para el sistema en cuestión se tiene que la relación entre la entrada $x(t)$ y la salida $y(t)$ vendrá dada por (2.3.3), donde $h_2(\tau_1, \tau_2) = h(\tau_1)h(\tau_2)$. A la anterior expresión se pueden aplicar las ventajas del cálculo operacional. En efecto, la expresión (2.3.3) puede reescribirse como

$$y(t_1, t_2) = \int \int h_2(\tau_1, \tau_2)x(t_1 - \tau_1)x(t_2 - \tau_2)d\tau_1 d\tau_2, \qquad (2.5.1)$$

para $t_1 = t_2$. Teniendo presente la definición de transformada de Laplace multidimensional (ver apéndice B) y multiplicando los dos miembros por

$$e^{-s_1 t_1 - s_2 t_2},$$

e integrando con respecto a t_1 y t_2, la expresión (2.5.1) se convierte en

$$Y(s_1, s_2) = H_2(s_1, s_2)X(s_1)X(s_2), \tag{2.5.2}$$

siendo

$$Y(s_1, s_2) = \int \int y(t_1, t_2)e^{-s_1 t_1 - s_2 t_2}dt_1 dt_2, \tag{2.5.3}$$

$$H_2(s_1, s_2) = \int \int h_2(\tau_1, \tau_2)e^{-s_1 \tau_1 - s_2 \tau_2}d\tau_1 d\tau_2, \tag{2.5.4}$$

$$X(s) = \int x(t)e^{-st}dt. \tag{2.5.5}$$

En consecuencia, de $x(t)$ y $h_2(\tau_1, \tau_2)$ se pueden determinar sus correspondientes transformadas y, de ellas, $Y(s_1, s_2)$. Obsérvese que, en este caso, $H_2(s_1, s_2) = H(s_1)H(s_2)$. Para obtener la respuesta del sistema $y(t)$ tan solo hay que hallar la antitransformada de $Y(s_1, s_2)$, es decir, $y(t_1, t_2)$, y hacer $t_1 = t_2$.

Sin embargo, este proceso puede simplificarse aún más a partir del procedimiento introducido por George [18] y denominado *asociación de variables*, en virtud del cual se puede obtener $Y(s)$ a partir de $Y(s_1, s_2)$ directamente (apéndice B). Dicho procedimiento conduce a

$$Y(s) = \frac{1}{2\pi j} \int_C Y(s - u, u)du, \tag{2.5.6}$$

siendo $u = s_1 + s_2$, y C un contorno apropiado.

Como ejemplo de aplicación de todo lo anterior, supóngase un sistema lineal de primer orden con ganancia estática $1/a$ y constante de tiempo dada también por $1/a$. Dicho sistema se somete a un impulso unitario de señal de entrada, cuya transformada de Laplace es

$$X(s) = [\delta(t)] = 1.$$

Se tendrá, en este caso,

$$H_2(s_1, s_2) = H(s_1)H(s_2) = \frac{1}{s_1 + a} \cdot \frac{1}{s_2 + a},$$

luego

$$Y(s_1, s_2) = \frac{1}{s_1 + a} \cdot \frac{1}{s_2 + a},$$

y, por tanto,

$$Y(s) = \frac{1}{2\pi j} \int \frac{1}{s - u + a} \cdot \frac{1}{u + a} du,$$

que, determinando el residuo en $u = -a$, resulta

$$Y(s) = \frac{1}{s + 2a},$$

llegando finalmente a

$$y(t) = e^{-2at}.$$

Nótese que el paso de $Y(s_1, s_2)$ a $Y(s)$ puede hacerse también con ayuda de la tabla del apéndice B.

El ejemplo anterior es particularmente simple, pero sirve para ilustrar la aplicación de formas multidimensionales de la transformada de Laplace a problemas con sistemas no lineales. Normalmente los problemas no serán tan simples como el anterior y el sistema no lineal no vendrá caracterizado por un funcional regular homogéneo, sino por uno no homogéneo. En tal caso, el problema es de la misma naturaleza que el anterior pero con varios términos de distinto grado que interesará normalmente resolver por separado.

A partir de sistemas simples como el anteriormente considerado se obtienen sistemas que requieren infinitos términos, por ejemplo, realimentándolos tal como indica la figura 2.2. Estos casos de indudable interés en el estudio de sistemas de control conducen a desarrollos cuya convergencia rápida adquiere gran importancia en orden a un empleo práctico del procedimiento estudiado. Estudios detallados sobre este punto pueden verse en Brilliant [7], George [18], y Zames [56].

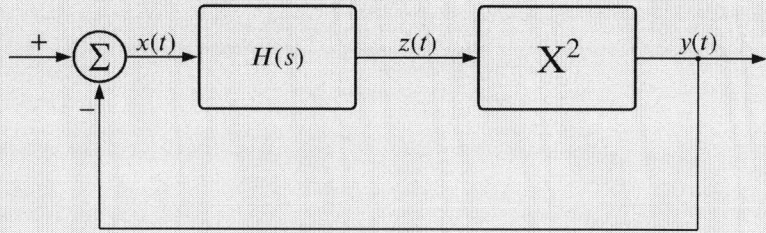

Figura 2.2: Sistema de la figura 2.1 con realimentación.

Al igual que en el caso de las transformadas de Laplace unidimensionales se tienen teoremas del valor inicial y final para las transformadas de Laplace multidimensionales. En efecto, se puede demostrar [18] que

$$
\lim_{t\to\infty} y(t) = \lim_{s\to0} sH_1(s)X(s) + \lim_{\substack{s_1\to0 \\ s_2\to0}} s_1s_2H_2(s_1,s_2)X(s_1)X(s_2)
$$

$$
+ \lim_{\substack{s_1\to0 \\ s_2\to0 \\ \vdots \\ s_n\to0}} \prod_{i=1}^{n} s_iH_n(s_1,\ldots,s_n)X(s_i),
$$

(2.5.7)

y que

$$
\lim_{t\to0} y(t) = \lim_{s\to\infty} sH_1(s)X(s) + \lim_{\substack{s_1\to\infty \\ s_2\to\infty}} s_1s_2H_2(s_1,s_2)X(s_1)X(s_2)
$$

$$
+ \lim_{\substack{s_1\to\infty \\ s_2\to\infty \\ \vdots \\ s_n\to\infty}} \prod_{i=1}^{n} s_iH_n(s_1,\ldots,s_n)X(s_i).
$$

(2.5.8)

La posibilidad de aplicación de transformadas de Laplace al estudio de sistemas no lineales ha permitido entrever la posibilidad de generalizar los estudios y criterios de estabilidad para los sistemas lineales a los sistemas no lineales. Este hecho, por ejemplo, fue estudiado por Van Trees [45]. Sin embargo, los resultados obtenidos no alcanzaron un amplio desarrollo y utilidad.

Otra aplicación importante del desarrollo de Volterra al análisis de sistemas no lineales es que con tales desarrollos se pueden establecer métodos iterativos para la resolución de una amplia clase de ecuaciones diferenciales lineales. Cabe destacar en este aspecto los trabajos de Mc Fee [32] y Flake [14, 15], si bien las aportaciones más interesantes fueron las publicaciones de Ku [23] y su escuela [24–28]. Estos trabajos, que comenzaron a desarrollarse a finales de la década de los 50, alcanzaron en [24,26] una gran simplicidad y concisión. Tanto los trabajos de Ku como los previos de Flake se basan, esencialmente, en la sustitución de $y(t)$ por su desarrollo en serie de funcionales regulares homogéneos y la posterior agrupación de miembros del mismo grado. Con esta estrategia se consigue resolver una gran clase de sistemas no lineales que incluye como subclase la de los sistemas expresables por

$$P\left(\frac{dy^n}{dt^n}, \ldots, \frac{dy}{dt}, y\right) = x, \tag{2.5.9}$$

siendo $P(\cdot)$ una función polinomial. Para concluir este capítulo sobre generalidades en el empleo de funcionales en la caracterización de sistemas no lineales, cabe destacar el establecimiento por George [18] de un álgebra de bloques con importantes teoremas sobre la conexión de sistemas en cascada, y sus correspondientes transformadas.

El estudio de sistemas no lineales con señales aleatorias se introducirá en el capítulo siguiente y en los apéndices C y D.

Capítulo 3

Teoría y diseño del intercorrelacionador

3.1. Señales binarias aleatorias de intervalo discreto

Se van a describir en el presente capítulo el tipo de señales propuestas en este trabajo como señales de prueba para la identificación de sistemas no lineales. Su empleo se basa, por una parte, en la facilidad con la que se manejan y, por otra, en las propiedades estadísticas de las mismas que en una primera aproximación pueden considerarse como una realización de señales blancas gaussianas.

Una señal *binaria* es aquella que solo toma dos valores. En la práctica se encuentran distintos tipos de señales con esta propiedad, pero las que aquí nos interesan están caracterizadas por dos propiedades adicionales:

I) Los valores tomados por la señal son precisamente $+a$ y $-a$.

II) La señal permanece en uno de los valores durante un tiempo ϑ, transcurrido el cual puede cambiar al otro valor o permanecer en él con igual probabilidad.

Ambas propiedades confieren a estas señales una forma tal como la de la figura 3.1. Esta señal se denominará en lo que sigue *señal binaria aleatoria de intervalo discreto*, o en siglas, señal BAID.

Es fácil ver que la función de autocorrelación $\Phi(t)$ para estas señales tiene la forma de la figura 3.2. En efecto, basta considerar que para $|\tau| > \vartheta$ las dos señales que se multiplican al calcular la autocorrelación son estadísticamente independientes y, por lo tanto, su correlación es nula. Para $|\tau| < \vartheta$ es inmediato que la correlación depende linealmente de τ, y para $\tau = 0$ es obvio que $\Phi(0) = a^2$.

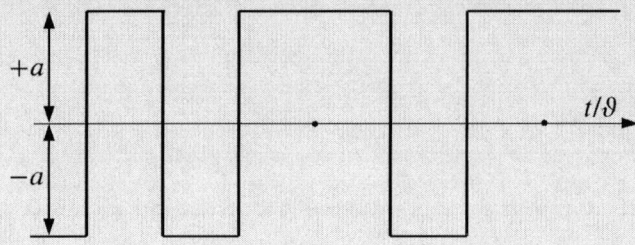

Figura 3.1: Señal binaria aleatoria de intervalo discreto (BAID).

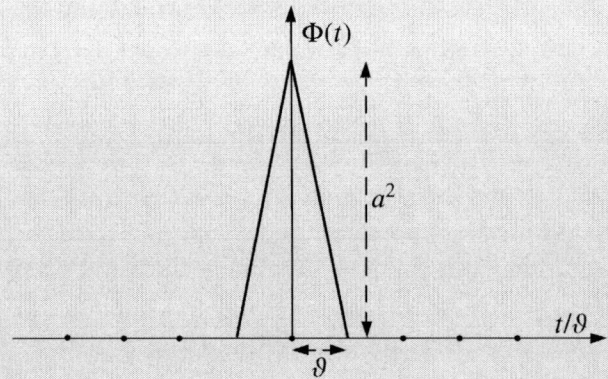

Figura 3.2: Función de autocorrelación de señales BAID.

Para valores de ϑ suficientemente pequeños respecto a los valores de tiempo empleados en un cierto problema, la figura 3.2 puede considerarse como una buena aproximación a una función de Dirac de área $A = a^2\vartheta$, y en estas condiciones cabe escribir

$$\overline{x(t)x(t + \tau)} = A\delta(\tau), \tag{3.1.1}$$

expresión en la que la barra indica como es convencional media temporal. La constante A recibe el nombre de *espectro de densidad de potencia* de la señal $x(t)$ y su valor debe ser finito. Obsérvese que ϑ es un infinitésimo frente a A.

En el anterior resultado se basa el empleo de estas señales en el análisis de sistemas lineales por correlación, basado a su vez este análisis en el método introducido por Lee [29], siendo el objeto de esta tesis una generalización del mismo a sistemas no lineales.

En el análisis de sistemas lineales por correlación solo es necesario disponer, como información estadística de las señales empleadas, de la función de autocorrelación (3.1.1). Sabiendo que la relación entrada-salida para un sistema lineal viene dada por un funcional de primer grado, es inmediato que en estudios de correlación solo aparecerán momentos estadísticos de segundo orden y, por lo tanto, la función de autocorrelación basta para tener completamente caracterizada la señal. No ocurre así en sistemas no lineales en los que es necesario tener más información respecto a las correlaciones de orden superior. Para ver esto basta, por ejemplo, con promediar (2.4.2). Es evidente que en el segundo miembro aparecen funciones de correlación de orden superior al segundo.

Interesa, en definitiva, a la hora de estudiar sobre sistemas no lineales, conocer las correlaciones de orden superior al segundo de las señales empleadas en el análisis de los sistemas. En lo que respecta a las señales BAID que nos ocupan, se van a determinar a continuación los valores de las expresiones de la forma

$$\overline{x(t - \tau_1) \ldots x(t - \tau_n)}, \tag{3.1.2}$$

para cualquier n. En lo que sigue y debido al empleo que posteriormente se hará en el intercorrelacionador, se considerarán únicamente valores de τ_i múltiplos enteros de ϑ, es decir, $\tau_i = m_i\vartheta$, siendo m_i un entero.

Para $n = 1$, (3.1.2) se reduce a $\overline{x(t - \tau_1)}$, que es inmediato que es nulo, es decir,

$$\overline{x(t - \tau_1)} = 0. \tag{3.1.3}$$

Para $n = 2$, (3.1.2) se convierte en $\overline{x(t - \tau_1)x(t - \tau_2)}$, que según (3.1.1) resulta

$$\overline{x(t - \tau_1)x(t - \tau_2)} = A\delta(\tau_1 - \tau_2). \tag{3.1.4}$$

Para $n = 3$, se tiene que el producto de las tres señales es igual al producto de tres señales independientes para $m_1 \neq m_2 \neq m_3$, o bien al producto de a^2 por una señal BAID para $m_1 = m_2 \neq m_3$, $m_1 = m_3 \neq m_2$ o $m_2 = m_3 \neq m_1$, o bien a una señal BAID con amplitud a^3 para $m_1 = m_2 = m_3$. En cualquiera de los tres casos se tiene que

$$\overline{x(t - \tau_1)x(t - \tau_2)x(t - \tau_3)} = 0. \tag{3.1.5}$$

45

Este resultado es fácilmente generalizable para cualquier n impar. Por consiguiente,

$$\prod_{i=1}^{n} \overline{x(t - \tau_i)} = 0, \quad \text{con } n \text{ impar.} \tag{3.1.6}$$

Para $n = 4$, las anteriores consideraciones conducen a que

$$\overline{x(t - \tau_1)x(t - \tau_2)x(t - \tau_3)x(t - \tau_4)} = a^4,$$

cuando $m_1 = m_2$ y $m_3 = m_4$, o $m_1 = m_3$ y $m_2 = m_4$, o $m_1 = m_4$ y $m_2 = m_3$, o $m_1 = m_2 = m_3 = m_4$, e igual a cero en cualquier otro caso.

Por lo tanto, para valores de ϑ suficientemente pequeños puede escribirse

$$
\begin{aligned}
\overline{x(t - \tau_1)x(t - \tau_2)x(t - \tau_3)x(t - \tau_4)} &= A^2\Big[\delta(\tau_1 - \tau_2)\delta(\tau_3 - \tau_4) \\
&\quad + \delta(\tau_1 - \tau_3)\delta(\tau_2 - \tau_4) \\
&\quad + \delta(\tau_1 - \tau_4)\delta(\tau_2 - \tau_3)\Big],
\end{aligned}
\tag{3.1.7}
$$

estando esta función definida para todo τ_i, excepto para aquellos puntos en que $\tau_1 = \tau_2 = \tau_3 = \tau_4$, en cuyo caso

$$\overline{x(t - \tau_1)x(t - \tau_2)x(t - \tau_3)x(t - \tau_4)} = A^2 \delta(u, v), \tag{3.1.8}$$

siendo $u = \tau_1 - \tau_2$, $v = \tau_3 - \tau_4$, y $\delta(u, v)$ una función impulso unitario bidimensional.

El anterior resultado es fácilmente generalizable para cualquier n par. En tal caso se tendrá

$$\prod_{i=1}^{n} \overline{x(t - \tau_i)} = a^{2n}\vartheta^n \sum \prod \delta(\tau_i - \tau_j), \quad \text{con } n \text{ par.} \tag{3.1.9}$$

estando la suma extendida a todas las maneras de agrupar n objetos por parejas, y el productorio definido sobre todas las parejas resultantes [48]. Como en el caso de (3.1.7), la anterior expresión es válida para todo conjunto de valores τ_i, con excepción de aquellos en que cuatro o más valores de τ_i son iguales entre sí, en cuyo caso se tienen expresiones similares a (3.1.8).

En el estudio del comportamiento frente a señales aleatorias de sistemas susceptibles de ser caracterizados por un desarrollo en serie de funcionales cobra particular importancia el estudio de expresiones como la siguiente [42]:

$$\int \cdots \int K_n(\tau_1, \ldots, \tau_n) \prod_{i=1}^{n} \overline{x(t-\tau_i)} d\tau_1 \ldots d\tau_n, \qquad (3.1.10)$$

donde los elementos K_n son conocidos como los *núcleos de Wiener de orden n* [48]. Nótese que la expresión (3.1.10) se deduce fácilmente con solo promediar el desarrollo (2.4.2). Interesa, por consiguiente, estudiar este tipo de expresiones cuando la señal a la que se someten los sistemas es una señal BAID. Si n es impar, según (3.1.6) la expresión (3.1.10) será nula. En el caso de n par el estudio es particularmente interesante. Para simplificar la exposición se va a tomar $n = 4$. En tal caso, se tiene

$$\int\int\int\int K_4(\tau_1,\tau_2,\tau_3,\tau_4)\overline{x(t-\tau_1)x(t-\tau_2)x(t-\tau_3)x(t-\tau_4)}d\tau_1 d\tau_2 d\tau_3 d\tau_4$$

$$= \quad 3a^4\vartheta^2 \int\int_{R_1} K_4(\tau_1,\tau_1,\tau_2,\tau_2)d\tau_1 d\tau_2$$

$$+ \quad a^4\vartheta^2 \int\int_{R_2} K_4(\tau_1,\tau_1,\tau_2,\tau_2)d\tau_1 d\tau_2,$$

$$(3.1.11)$$

siendo R_1 la región $\tau_1 > 0, \tau_2 > 0$, excepto un entorno a los puntos $\tau_1 = \tau_2$, y R_2 dicho entorno. Para pasar del primer al segundo miembro de (3.1.11) hay que tener presente (3.1.7) y (3.1.8), e integrar respecto a τ_3 y τ_4.

Es fácil ver que el segundo término del segundo miembro de (3.1.11) es igual a $a^4\vartheta^3 \int_{R_2} K_4(\tau,\tau,\tau,\tau)d\tau$, al cumplirse $\tau_1 \approx \tau_2$ en R_2, y, por lo tanto, para valores de ϑ suficientemente pequeños puede despreciarse frente al primero quedando [42]

$$\int\int\int\int K_4(\tau_1,\tau_2,\tau_3,\tau_4)\overline{x(t-\tau_1)x(t-\tau_2)x(t-\tau_3)x(t-\tau_4)}d\tau_1 d\tau_2 d\tau_3 d\tau_4$$

$$= \quad 3A^2 \int\int K_4(\tau_1,\tau_1,\tau_2,\tau_2)d\tau_1 d\tau_2.$$

$$(3.1.12)$$

La esencia del anterior razonamiento estriba en que la medida de los puntos de una recta es un infinitésimo de orden superior a la medida de los de un plano en un espacio de tres o más dimensiones, lo que puede fácilmente generalizarse para un n par cualquiera.

Todo lo anterior puede resumirse diciendo que las señales BAID son tales que para un valor de ϑ suficientemente pequeño se puede escribir

$$\int \cdots \int K_n(\tau_1, \ldots, \tau_n) \prod_{i=1}^{n} \overline{x(t - \tau_i)} d\tau_1 \ldots d\tau_n = 0, \qquad (3.1.13)$$

para n impar y que

$$\int \cdots \int \; K_n(\tau_1, \ldots, \tau_n) \prod_{i=1}^{n} \overline{x(t - \tau_i)} d\tau_1 \ldots d\tau_n$$

$$= \sum_{m=1}^{\infty} \frac{(2m)!}{m! 2^m} A^m \int \cdots \int K_{2m}(\tau_1, \tau_1, \ldots, \tau_m, \tau_m) d\tau_1 \ldots d\tau_m,$$

$$(3.1.14)$$

para n par y $2m = n$.

En el caso de que las señales $x(t)$ sean señales gaussianas y no BAID, se tienen unas relaciones tales como las (3.1.13) y (3.1.14) (ver apéndice C, expresiones (C 6) y (C 7)). En consecuencia, puesto que las señales BAID satisfacen (3.1.13) y (3.1.14) en la medida en que se pueda considerar ϑ suficientemente pequeño, en esta misma medida se puede considerar que las señales BAID constituyen una aproximación de las señales gaussianas.

Wiener [48] desarrolló su teoría de sistemas no lineales suponiendo estos excitados por señales gaussianas, y desarrolló el funcional que caracteriza al sistema en una serie de funcionales ortogonales G_n respecto a una señal gaussiana, y no en serie de Volterra tal como la de la expresión (2.4.2) (apéndice C). Esta familia de funcionales ortogonalizados se deduce a partir de las expresiones (3.1.13) y (3.1.14), y, por tanto, es igualmente válida para señales BAID. De todo ello cabe concluir que para valores de ϑ suficientemente pequeños respecto a las constantes de tiempo presentes, las señales BAID son válidas como señales de prueba para el análisis de sistemas no lineales. Estas señales además son fácilmente manejables y permiten, como se verá en la sección 3.3, el diseño de un intercorrelacionador.

En el caso de que ϑ no se considere suficientemente pequeño, se puede construir una familia de funcionales ortogonales con respecto a la señal BAID teniendo presente sus propiedades estadísticas. En tal caso, se llega a unos funcionales que coinciden con los de Wiener hasta un cierto exponente de ϑ, siendo diferentes para potencias superiores de ϑ. Se ha preferido establecer la aproximación a los funcionales de Wiener por considerarlos más convencionales. En cualquier caso, la construcción de dicha familia de funcionales ortogonales es realizable desde un punto de vista teórico, aunque en la práctica se presenta muy laboriosa.

3.2. Medida de los núcleos de un sistema no lineal por intercorrelación

En el apéndice C se expone el desarrollo efectuado por Wiener [48] de un sistema en serie de una familia de funcionales ortogonales con respecto a una señal blanca gaussiana. En virtud del mismo, la relación entrada-salida de un sistema no lineal puede escribirse de la forma

$$y(t) = \sum_{n=0}^{\infty} G_n[K_n, x(t)], \qquad (3.2.1)$$

en donde el núcleo de Wiener K_n comprende un conjunto de funciones que determinan la relación entrada-salida y, por lo tanto, el sistema. Si se adopta la expresión (3.2.1) como la extructura más general de la clase de sistemas en estudio, su análisis se reducirá a una serie de medidas sobre el sistema que permitan determinar K_n. La familia de funcionales G_n solo es ortogonal respecto a una señal blanca gaussiana, sin embargo, la relación (3.2.1) es válida respecto a cualquier otro tipo de señal de entrada, aunque para una señal cualquiera los funcionales G_n no serán ortogonales.

En el empleo que se hace en la práctica de (3.2.1) solo se toman unos cuantos términos. O, hablando con más propiedad, el desarrollo de Wiener solo es práctico cuando unos pocos términos dan una buena aproximación del sistema. En tal caso, es fácil comprobar que el paso del desarrollo de Wiener al de Volterra es relativamente simple.

Uno de los mayores problemas en la caracterización de sistemas no lineales por funcionales estriba precisamente en la determinación de los núcleos, sean tanto los de Wiener K_n como los de Volterra h_n.

La gran ventaja de adoptar un desarrollo ortogonal como el de Wiener es que en tal caso, los procedimientos de correlación permiten obtener las funciones K_n por medidas directas sobre el sistema excitado con una señal blanca gaussiana.

En el apéndice D se desarrolla el método de Lee-Schetzen [30] que conduce a la siguiente expresión fundamental para la medida de los núcleos por intercorrelación, donde recordemos que $A = a^2\vartheta$:

$$K_n(\tau_1, \ldots, \tau_n) = \frac{1}{n!A^n}\overline{y(t)\prod_{i=1}^{n}x(t-\tau_i)}, \quad \tau_1 \neq \tau_2 \neq \cdots \neq \tau_n. \quad (3.2.2)$$

Dicha expresión es una generalización de la propuesta en su día por Lee [29] para el análisis de sistemas lineales por correlación y deriva fácilmente de las propiedades ortogonales de las funcionales G_n.

La expresión (3.2.2) desde un punto de vista de cálculo es, sin embargo, muy laboriosa de aplicar a medidas realizadas sobre un sistema no lineal trabajando en tiempo real. En efecto, en un experimento realizado por Widnall para la medida de 20×20 puntos de un núcleo de segundo orden se tardó 15 min en efectuar los cálculos por parte de un ordenador IBM 7090, sin contar el tiempo necesario para registrar en tandas magnéticas $y(t)$ y $x(t)$.

Los cálculos implicados en la expresión (3.2.2) se encuentran simplificados al máximo con el intercorrelacionador propuesto en el presente trabajo. En efecto, como se verá a continuación, las medidas se realizan en tiempo real y en línea sin necesidad de tiempos adicionales. El tiempo necesario es solamente el requerido para obtener medias significativas con componentes analógicas.

Desde un punto de vista teórico, el intercorrelacionador está basado en las propiedades de las señales BAID estudiadas en la sección 3.1, en virtud de las cuales estas señales son una buena primera aproximación de las señales gaussianas. En consecuencia, toda la teoría de sistemas no lineales de Wiener referida a señales blancas gaussianas será válida para señales BAID y en particular la expresión (3.2.2). A continuación se estudiará cómo se realizan las operaciones implicadas en (3.2.2) con este tipo de señales.

3.3. Diseño de un intercorrelacionador

En la sección anterior se indicó que el cometido del intercorrelacionador es efectuar las operaciones indicadas en el segundo miembro de la expresión (3.2.2) sobre $y(t)$ y $x(t)$, de manera que se obtenga el primer miembro. Una vez generada la señal BAID, estas operaciones se pueden agrupar en:

i) Obtención de formas retardadas de la señal BAID.

ii) Multiplicación de varias formas retardadas de señales BAID entre sí, para obtener $\prod_{i=1}^{n} x(t - \tau_i) = x(t - \tau_1) \ldots x(t - \tau_n)$.

iii) Multiplicación del producto obtenido en ii) por $y(t)$ para obtener $y(t) \prod_{i=1}^{n} x(t - \tau_i)$.

iv) Promediar la expresión obtenida en iii).

Un paso previo al diseño del intercorrelacionador y, por lo tanto, a la mecanización de las operaciones anteriores reside en la generación de una señal BAID. Tal señal puede obtenerse a partir de un generador de ruido que a través de un *Schmitt Trigger* dispare un biestable que a su vez alimenta un registro de desplazamiento. Los impulsos de desplazamiento del registro tienen la frecuencia correspondiente al periodo ϑ de la señal BAID. Si la salida del primer biestable del registro se emplea para disparar un relé tal como indica la figura 3.3, a la salida de este se obtiene una señal BAID. En efecto, a la salida del primer biestable se tiene una señal que varía entre '0' y '1' lógicos. Estas tensiones se emplean para disparar un relé a cuya salida se tendrá una tensión $+a$ ó $-a$ según el estado lógico del biestable. Este estado se mantendrá hasta la llegada de un nuevo impulso de desplazamiento, o sea durante un tiempo ϑ. Es necesario que el ruido generado por la fuente sea tal que los valores alcanzados en dos instantes distanciados ϑ sean estadísticamente independientes, o lo que es lo mismo, que la función de autocorrelación sea nula para valores del argumento iguales o mayores a ϑ. Si no se cumple esto último, el cambio que se produce cada periodo no será independiente del estado previo y, en consecuencia, la señal obtenida a la salida del relé no cumplirá la propiedad II) que define una señal BAID (ver sección 3.1).

A la señal de salida del biestable se la va a denotar en lo que sigue por $x_1(t)$. Es evidente que a las salidas de los biestables que forman el registro de desplazamiento se tienen formas de $x_1(t)$ retardadas un número entero m_i de veces el periodo de reloj. El valor de m_i es precisamente el número de orden del biestable considerado contando a partir del segundo biestable. Si estas señales se llevan a relés tal como se ha indicado para $x_1(t)$, se tendrán formas retardadas de $x(t)$.

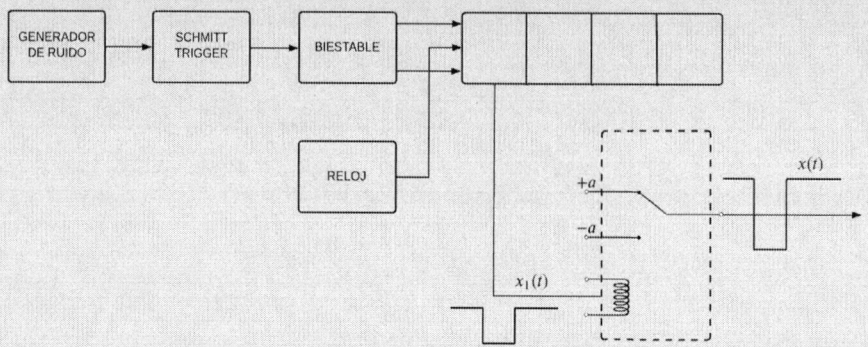

Figura 3.3: Procedimiento de generación de una señal BAID.

Sin embargo, interesa más proceder como sigue. En primer lugar, se va a comparar la operación producto (*AND*) en $\{-1, 1\}$ con la operación suma módulo 2, también conocida como «o» exclusivo (*XOR*) en $\{0, 1\}$, ilustradas respectivamente en la tabla 3.1. Nótese que existe un isomorfismo entre ambos sistemas algebraicos. La aplicación correspondiente es

$$\gamma : +1 \leftrightarrow 0, \quad -1 \leftrightarrow +1.$$

Lo anterior se traduce en la práctica en que es posible convertir los productos de señales $x(t-\tau_1)$ y $x(t-\tau_2)$ en suma módulo 2 de $x_1(t-\tau_1)$ y $x_1(t-\tau_2)$. No hay que olvidar la inversión de signo que se produce, y el correspondiente cambio de escalas, si la señal binaria $x(t)$ toma los valores $+a$ y $-a$ en lugar de $+1$ y -1, como está implícito en el anterior razonamiento. No obstante, en lo que sigue de apartado se considerará $a = 1$, si bien en el apartado siguiente se volverá a considerar un valor de a cualquiera.

Tabla 3.1: Operaciones producto en $\{-1, 1\}$ y suma módulo 2 en $\{0, 1\}$.

$\cdot$	-1	1		$\oplus$	0	1
-1	1	-1		0	0	1
1	-1	1		1	1	0

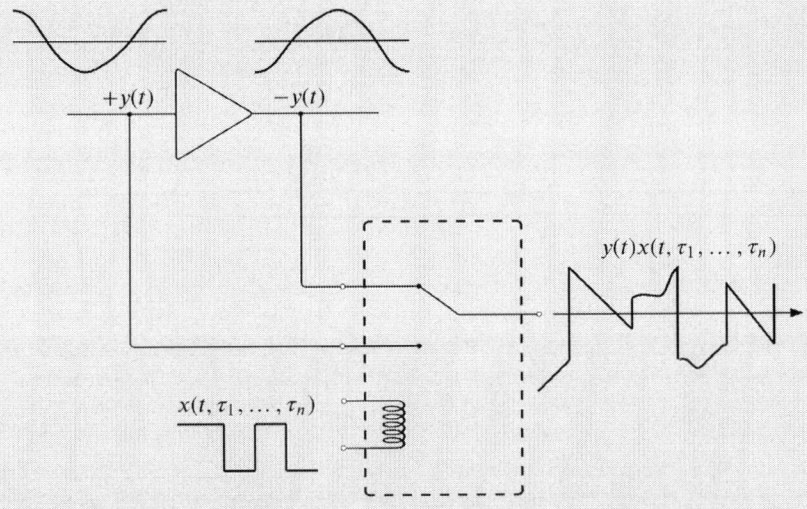

Figura 3.4: Método para reducir el producto de $y(t)$ y $x(t, \tau_1, \ldots, \tau_n)$ a una modulación.

En consecuencia, el problema de la multiplicación de varias formas retardadas de $x(t)$ para obtener

$$\prod_{i=1}^{n} x(t - \tau_i) = x(t - \tau_1) \ldots x(t - \tau_n),$$

queda resuelto por sucesivas sumas módulo 2 de las correspondientes señales $x_1(t - \tau_1), \ldots, x_1(t - \tau_n)$. El resultado de estas sumas se pasa por un relé tal y como se indicó para el paso de $x_1(t)$ a $x(t)$ y se consigue el producto deseado. Al producto de las formas retardadas de $x(t)$ así obtenido, que a su vez es una señal BAID, se denotará en lo que sigue por $x(t, \tau_1, \ldots, \tau_n)$.

Respecto al producto de $y(t)$ con $x(t, \tau_1, \ldots, \tau_n)$, basta considerar que dicho producto puede reducirse a una *modulación*. Para ello existe una técnica bien conocida, que consiste en conseguir que un relé conmute su salida a $+y(t)$ o $-y(t)$ en función de que el valor de la señal binaria $x(t, \tau_1, \ldots, \tau_n)$ sea $+1$ o -1. Esto se consigue sencillamente con un relé que se dispara con la señal $x(t, \tau_1, \ldots, \tau_n)$, según se indica en la figura 3.4.

Por último, la media temporal de $y(t)x(t, \tau_1, \ldots, \tau_n)$ se puede conseguir con componentes analógicas que varían desde un simple circuito paso bajo a un amplificador operacional conectado como integrador con control del tiempo de integración. En la sección 4.1 se describirá esta estrategia que será la adoptada en los experimentos realizados.

Así pues, con los procedimientos descritos se pueden realizar las operaciones i), ii) , iii) y iv) requeridas para el diseño del intercorrelacionador. Ensamblándolas, se llega al esquema de conjunto de la figura 3.5. En dicha figura se han indicado solo dos retardos -τ_1 y τ_2-, lo que permite obtener los núcleos cuadráticos. Para núcleos de orden superior se requerirían más sumadores módulo 2, aunque se tendría el mismo esquema de conjunto.

3.4. Consideraciones respecto a las escalas de las medidas

En el apartado 3.3 se han efectuado multiplicaciones de señales BAID entre sí por procedimientos lógicos sin tener en cuenta la amplitud de las mismas, es decir, considerando que estas variaban entre $+1$ y -1. Al mismo tiempo se ha visto que la multiplicación de dos señales BAID con dispositivos lógicos introducía un cambio de signo. Todo esto conduce a la necesidad de establecer claramente criterios que permitan escalar correctamente las medidas del intercorrelacionador.

Si se tiene un sistema lineal, la relación entrada-salida es

$$y(t) = \int K_1(\tau)x(t-\tau)d\tau. \tag{3.4.1}$$

Por otro lado, la aplicación de la expresión (3.2.2) para $n = 1$ conduce a

$$K_1(\tau) = \frac{1}{A}\overline{y(t)x(t-\tau)}. \tag{3.4.2}$$

Sin embargo, hay que tener presente que según lo expuesto, en el desarrollo del diseño del intercorrelacionador, al tomar la señal binaria los valores $+a$ y $-a$, la señal $y(t)$ no se multiplica por $x(t-\tau)$, sino por $\frac{x(t-\tau)}{a}$. Teniendo presente a su vez que $A = a^2\vartheta$, la expresión (3.4.2) se puede reescribir como

$$K_1(\tau) = \frac{1}{a\vartheta}\frac{\overline{y(t)x(t-\tau)}}{a}. \tag{3.4.3}$$

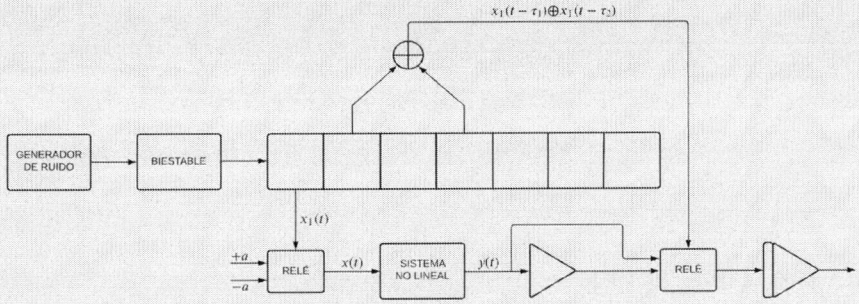

Figura 3.5: Esquema completo del diseño del intercorrelacionador.

Llamando $V(\tau)$ a la *tensión medida en el integrador* transcurrido un tiempo T, se tendrá que

$$\frac{\overline{y(t)x(t-\tau)}}{a} = \frac{V(\tau)}{T},$$ (3.4.4)

que llevado a (3.4.3) resulta

$$K_1(\tau) = \frac{V(\tau)}{a\vartheta T},$$ (3.4.5)

expresión que permite obtener $K_1(\tau)$ a partir de la medición $V(\tau)$. La función de autocorrelación de las señales BAID es la misma que la de señales binarias pseudoaleatorias que han sido ampliamente aplicadas a problemas de identificación de sistemas lineales. Empleando este tipo de señales como señales de prueba se llega a una expresión idéntica a la (3.4.5). No es difícil demostrar que la anterior expresión no es válida para $\tau = 0$. La demostración se basa en el carácter par de la función de autocorrelación que aproxima a una respuesta impulsional, y en el hecho de ser el sistema físicamente realizable. Es posible demostrar que, para tal caso, hay que multiplicar por dos la medida obtenida. Todas estas consideraciones son igualmente válidas para señales BAID como para señales binarias pseudoaleatorias. Si es posible, es mejor evitar el punto $\tau = 0$ y ceñirse a la información suministrada por el resto de las medidas.

Para $n = 2$, es decir, para un elemento cuadrático, la fórmula (3.2.2) toma la forma

$$K_2(\tau_1, \tau_2) = \frac{1}{2A^2} \overline{y(t)x(t-\tau_1)x(t-\tau_2)}.$$ (3.4.6)

Teniendo presente las consideraciones anteriores y llamando $V(\alpha, \beta)$ a la tensión medida para $\tau_1 = \alpha\vartheta$ y $\tau_2 = \beta\vartheta$, la expresión anterior se convierte en

$$K_2(\tau_1, \tau_2) = -\frac{V(\alpha, \beta)}{2a^2\vartheta^2 T}, \qquad (3.4.7)$$

con el signo cambiado debido a que hay una multiplicación de dos señales BAID. En este caso se hacen las mismas consideraciones que antes respecto al caso en que $\alpha = 0$ y $\beta = 0$.

Para el caso general, es inmediato que

$$K_n(\tau_1, \ldots, \tau_n) = (-1)^{n+1}\frac{V(\alpha, \ldots, \eta)}{a^n\vartheta^n n! T}. \qquad (3.4.8)$$

Esta expresión permite calcular el núcleo de cualquier orden siempre que se disponga de suficientes sumadores módulo 2 en el equipo para medir los correspondientes $V(\alpha, \ldots, \eta)$. La expresión (3.4.5) depende exclusivamente de valores obtenidos en medidas efectuadas sobre el sistema $V(\alpha, \ldots, \eta)$, y de los parámetros a y ϑ que caracterizan la señal BAID, empleada como prueba.

Capítulo 4

Aplicaciones

4.1. Implementación del diseño del intercorrelacionador

La implementación del diseño del intercorrelacionador, de acuerdo con la figura 3.5, se efectuó en su parte lógica con módulos **LOGIKIT** de la empresa *Feedback Ltd.*, y en su parte analógica con un calculador analógico **TR-48** de *EAI*. Como generador de ruido se empleó una fuente radiactiva.

A continuación, se van a detallar las conexiones efectuadas entre los correspondientes elementos para montar el intercorrelacionador. Se va a proceder progresivamente desde la fuente radiactiva al integrador.

La radiación de la fuente actúa sobre un contador *Geiger* que convierte los choques de las partículas emitidas en impulsos eléctricos. Estos impulsos no tienen suficiente potencia para disparar los módulos, por lo que deben ser convenientemente amplificados. A tal efecto se pasan por una *escala de cuentas* en donde adquieren la potencia suficiente. A continuación se diferencian por un circuito paso alto y se llevan a un módulo *buffer* del equipo **LOGIKIT**, consiguiendo con ello que los impulsos adquieran una forma adecuada para el disparo de los biestables. Del módulo *buffer* se llevan a un biestable conectado en «T» del que se alimenta el registro de desplazamiento. Este biestable se denominará en lo que sigue BSP (biestable previo). El esquema de las conexiones indicadas se tiene en la figura 4.1. En dicha figura se indican las conexiones según la convención habitual con el equipo **LOGIKIT**. Para más detalles sobre este tipo de esquemas y los módulos asociados, consultar [3].

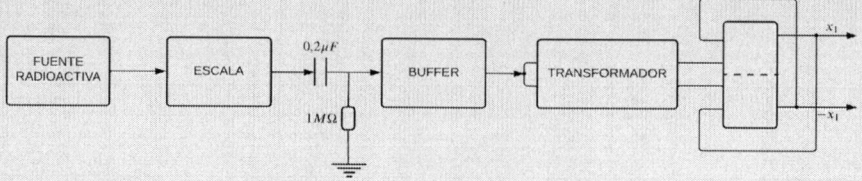

Figura 4.1: Esquema de conexiones realizadas para el montaje del intercorrelacionador.

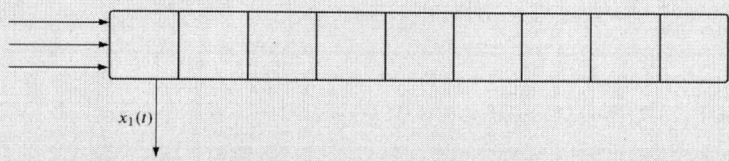

Figura 4.2: Registro de desplazamiento.

A la salida del BSP se tiene una señal binaria aleatoria que recibe el nombre de *señal aleatoria telegráfica*. Los intervalos entre dos cambios del nivel de dicha señal siguen una distribución de probabilidad de acuerdo con la ley de Poisson. Esta señal se lleva a un registro de desplazamiento que solo lee cuando le llega el correspondiente impulso de reloj (figura 4.2). El primer biestable del registro de desplazamiento almacenará el estado en que se encuentre el BSP en el momento en que llegue el impulso de desplazamiento al registro y permanecerá en este estado hasta la llegada de un nuevo impulso. Como la función de autocorrelación de la señal aleatoria telegráfica es

$$\varphi(\tau) = a^2 e^{-2k|\tau|},$$

siendo k el número de cambios de signo por unidad de tiempo, tomando la función de autocorrelación un valor prácticamente nulo para valores de $\tau = \vartheta$ suficientemente pequeños con respecto a k. En consecuencia, la señal de salida del primer biestable del registro de desplazamiento y una forma de la misma retardada un tiempo igual o mayor que ϑ, tendrán una correlación prácticamente nula, con lo que esta señal se puede considerar una realización de las señales $x_1(t)$ descritas en la sección 3.3.

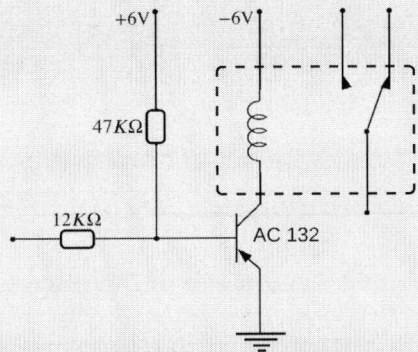

Figura 4.3: Relé **KEMREED M110/ICG2/6V** utilizado como módulo conversor.

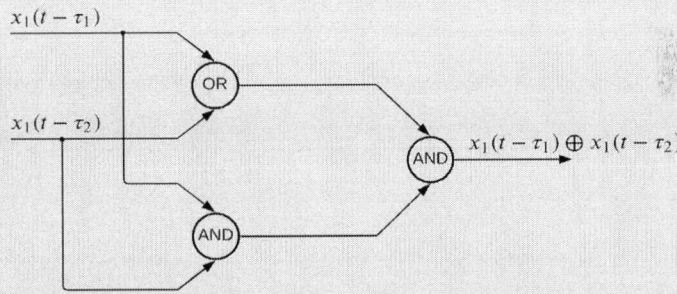

Figura 4.4: Sumadores módulo 2 **LOGIKIT**.

La señal que se tiene a la salida del primer biestable varía entre niveles de 0V y −6V. Para tener una señal BAID es necesario convertir estos niveles en $+a$V y $-a$V. Con este fin, como ya se indicó en la figura 3.3, es necesario alimentar la bobina de un relé con la señal $x_1(t)$, de manera que dicho relé conmute a $+a$ y $-a$ según el valor de $x_1(t)$. Por carecer el equipo **LOGIKIT** de un módulo adecuado tuvo que ser diseñado de acuerdo con el esquema de la figura 4.3. El relé adoptado ha sido un **KEMREED M110/ICG2/6V**. Con este módulo se han obtenido unas excelentes conversiones de 0V y −6V a $+a$V y $-a$V.

En los biestables del registro de desplazamiento se tienen las formas retardadas de $x_1(t)$. Estas señales se llevan a sumadores módulo 2, configurando el equipo **LOGIKIT** de acuerdo con el esquema de la figura 4.4. La salida del sumador módulo 2 se lleva a la bobina de un relé en el que se realiza la multiplicación por la señal $y(t)$, tal como se ha indicado en la sección 3.3, figura 3.4. Dicho relé también se encuentra en un módulo diseñado según el esquema de la figura 4.3.

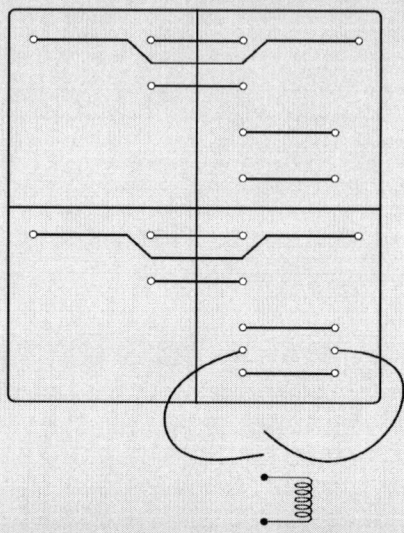

Figura 4.5: Conexiones sobre el panel del integrador.

La media de la señal $y(t)x(t, \tau_1, \ldots \tau_n)$ se obtiene llevando esta señal al integrador del calculador analógico que integra durante un tiempo T preestablecido. Para efectuar esta función es necesario tener acceso al mando de los estados del integrador de manera que, aunque el resto del calculador esté funcionando, el integrador promediador solo actúe durante un tiempo T. Se trata de un problema de trabajo del calculador en distintos estados. Se ha resuelto intercalando un relé entre el punto del panel del integrador al que llega la señal de mando del calculador respecto al estado en que debe encontrarse el integrador y la bobina del relé que determina dicho estado. Cuando este relé se cierre, el integrador hace lo mismo que los demás. Por el contrario, cuando dicho relé esté abierto, si el resto del calculador está en *COMPUTE*, el integrador en cuestión permanece en *HOLD*. Con esto se consigue no solo que el integrador trabaje el tiempo T deseado, sino también que, finalizado este tiempo, el integrador almacene la tensión alcanzada, que puede entonces leerse cómodamente. El disparo del relé se hace con un circuito de tiempo descrito en el apéndice E. Las conexiones sobre el panel del integrador quedan según indica la figura 4.5. Como resultado, se consigue que el integrador en cuestión integre durante un tiempo T preestablecido. Dividiendo la tensión alcanzada por T, se tiene el valor medio de dicha tensión.

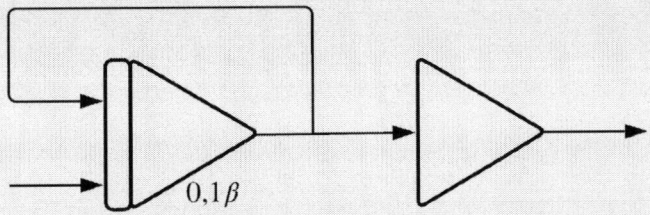

Figura 4.6: Esquema del sistema usado como caso de estudio.

4.2. Aplicaciones del intercorrelacionador al análisis de sistemas

Con el intercorrelacionador descrito en el apartado 4.1 se realizaron una serie de experimentos sobre sistemas simulados en el calculador analógico **TR-48**. Estos experimentos comprenden la determinación tanto de la respuesta impulsional o núcleo de primer orden de un sistema lineal como la del núcleo de segundo orden de un sistema no lineal.

Se describen en primer lugar las pruebas realizadas sobre el sistema lineal de primer orden considerado. Se tomaron nueve biestables en el registro de desplazamiento, por lo que solamente se consideraron formas retrasadas hasta 9ϑ, y, por lo tanto, solo diez puntos de la respuesta impulsional (hablando con propiedad nueve habida cuenta de la observación hecha anteriormente respecto a la medida para $\tau = 0$). El sistema que se analizó tenía una ganancia estática de 10 y una constante de tiempo de 0,1 s. Su simulación se hizo de acuerdo con el esquema de la figura 4.6.

Montado el intercorrelacionador se alimentó el sistema lineal bajo prueba con señales procedentes del primer biestable del registro de desplazamiento, después de haber sido pasadas por el correspondiente relé. Las respuestas del sistema se correlacionaron con las salidas de los distintos biestables obteniéndose los resultados de la segunda fila de la tabla 4.1. En dicha tabla se indica el valor del núcleo $K_1(\tau)$ obtenido de las mediciones de las tensiones $V(m)$ para distintos valores $m = \frac{\tau}{\vartheta}$, y considerando los parámetros $a = 1{,}6\mathrm{V}$, $\vartheta = 2 \cdot 10^{-2}\mathrm{s}$ y $T = 32\mathrm{s}$ adoptados para el experimento.

En efecto, recordando (3.4.5), se tiene que

$$K_1(\tau) = \frac{V(m)}{a\vartheta T}.$$

En el caso que nos ocupa

$$a\vartheta T = 1,6 \cdot 2 \cdot 10^{-2} \cdot 32 = 1,03.$$

Como se ha comentado, el valor 1,03 permite pasar de la segunda a la tercera fila de la tabla 4.1, donde nótese que hay que multiplicar por dos la medición para $m = 0$, según lo expuesto en la sección 3.4. Los valores de la tercera fila se han representado en la figura 4.7 en donde se tiene la respuesta impulsional de un sistema lineal de primer orden. Los resultados muestran cierta dispersión que puede corregirse tomando tiempos de promedio T mayores. En realidad, para sistemas lineales se habrían obtenido resultados menos dispersos con señales pseudoaleatorias, pero este tipo de señales no pueden aplicarse a sistemas no lineales, o al menos a una amplia clase de ellos. Nótese también que se realizaron experimentos adicionales sobre sistemas lineales de primer orden con constantes de tiempo mayores y valores de ϑ más grandes, y se llegó a resultados satisfactorios, aunque se requerían tiempos T considerablemente mayores.

Respecto al sistema no lineal analizado, su esquema es el de la figura 2.1, es decir, está formado por un sistema lineal, que en las pruebas se tomó de primer orden, y un elevador al cuadrado en cascada. Su programación sobre el **TR–48** se hizo de acuerdo con el esquema de la figura 4.8.

Al sistema considerado le corresponde una relación entrada–salida de la forma siguiente:

$$y(t) = C \int_0^\infty \int_0^\infty h(\tau_1)h(\tau_2)x(t - \tau_1)x(t - \tau_2)d\tau_1 d\tau_2, \qquad (4.2.1)$$

según se vio en (2.3.3).

Tabla 4.1: Resultados de $V(m)$ y $K_1(\tau)$ en función de m.

m	0	1	2	3	4	5	6	7	8	9
$V(m)$	4,85	8,40	6,00	5,50	4,25	3,80	3,40	1,90	2,30	1,93
$K_1(\tau)$	9,41	8,15	5,82	5,34	4,12	3,69	3,30	1,84	2,23	1,86

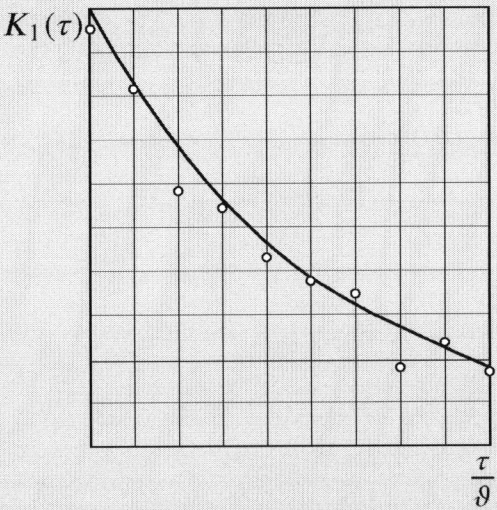

Figura 4.7: Representación de la evolución de $K_1(\tau)$ respecto a $m = \frac{\tau}{\vartheta}$ según los datos de la tabla 4.1, lo que modela la respuesta impulsional de un sistema de primer orden.

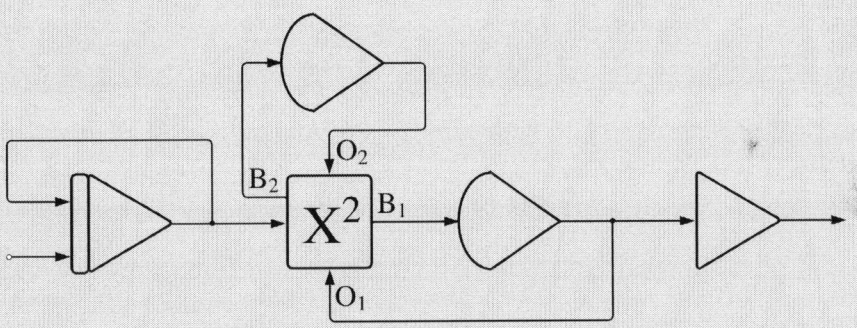

Figura 4.8: Esquema de programación del sistema no lineal.

Puesto que el sistema lineal escogido es de primer orden con respuesta impulsional

$$h(\tau) = e^{-\tau}, \tag{4.2.2}$$

se tiene que (4.2.1) se puede escribir como

$$y(t) = C \int_0^\infty \int_0^\infty e^{-(\tau_1+\tau_2)} x(t-\tau_1) x(t-\tau_2) d\tau_1 d\tau_2, \tag{4.2.3}$$

63

que admite el siguiente desarrollo de Wiener:

$$y(t) = G_0[K_0, x(t)] + G_2[K_2, x(t)], \qquad (4.2.4)$$

siendo

$$G_0[K_0, x(t)] = AC \int_0^\infty e^{-2\tau} d\tau = \frac{AC}{2}, \qquad (4.2.5)$$

$$G_2[K_2, x(t)] = C \int_0^\infty \int_0^\infty e^{-(\tau_1+\tau_2)} x(t-\tau_1) x(t-\tau_2) d\tau_1 d\tau_2 - \frac{AC}{2}, \quad (4.2.6)$$

donde $A = a^2 \vartheta$. Por tanto,

$$K_2(\tau_1, \tau_2) = Ce^{-(\tau_1+\tau_2)}, \qquad (4.2.7)$$

lo que da una imagen tridimensional del núcleo tal como la de la figura 4.9.

El montaje empleado para efectuar las medidas se ciñe completamente al de la figura 3.5, teniendo en cuenta de la realización técnica de los distintos elementos descrita en la sección 4.1.

Las medidas efectuadas de $V(\alpha, \beta)$ para distintos valores de α y β se han reunido en la tabla 4.2, siendo $\alpha = \frac{\tau_1}{\vartheta}$ y $\beta = \frac{\tau_2}{\vartheta}$, respectivamente. Para cada par (α, β) corresponde una medida $V(\alpha, \beta)$ de la que se obtiene el correspondiente valor del núcleo de acuerdo con la fórmula (3.4.7).

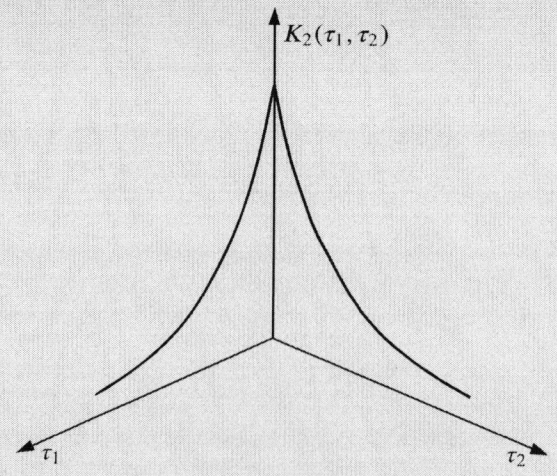

Figura 4.9: Imagen tridimensional del núcleo.

Tabla 4.2: Medidas de $V(\alpha, \beta)$ (dato superior de cada celda) y $K_2(\tau_1, \tau_2) = \frac{10\,V(\alpha,\beta)}{2a^2\vartheta^2 T} = 1{,}02 \cdot 10^{-2} V(\alpha, \beta)$ (dato inferior) para distintos valores de α y β. Nótese que los valores de $K_2(\tau_1, \tau_2)$ de la tabla deben multiplicarse por 10^{-2}.

$\alpha \backslash \beta$	0	1	2	3	4	5	6
0							
1							
2		5,25 5,35					
3		4,55 4,64	3,42 3,49				
4		3,20 3,26	2,27 3,31	2,66 2,71			
5		2,77 2,82	2,25 2,27	1,90 1,93			
6		2,80 2,85	2,05 2,09	1,35 1,37			
7		2,27 2,31	1,60 1,63				

Los valores de a, ϑ y T adoptados en el experimento que nos ocupa fueron $a = 6\,V$, $\vartheta = 0{,}2\,s$ y $T = 340\,s$. Pudiera parecer el valor de ϑ no suficientemente pequeño, aunque dificultades en el suministro de componentes forzaron a tal adopción. Obsérvese que los núcleos son simétricos, por lo que solo se requieren los valores indicados en la tabla 4.2 para identificar completamente al sistema. En cada celda de dicha tabla se muestran dos valores. El superior indica la tensión $V(\alpha, \beta)$ mientras que el inferior se refiere a la medida correspondiente del núcleo $K_2(\tau_1, \tau_2)$. Estos valores se han llevado al gráfico representado en la figura 4.10.

Se efectuaron otras medidas para otros valores de a y ϑ encontrándose resultados siempre concordantes con la teoría propuesta. Asimismo, se efectuaron otros experimentos menos precisos que los anteriores, pero quizá con mayor interés práctico, en los que la integración se efectuaba con un filtro paso bajo, lo cual abarataba considerablemente el coste del equipo, pudiendo entonces pensarse en la medida simultánea de todos los valores interesantes de $V(\alpha, \beta)$, teniendo además la ventaja de estar continuamente suministrando medidas de cada valor. Los resultados obtenidos con este tipo de filtros fueron satisfactorios, cosa que por otra parte era evidente que tenía que suceder, ya que este tipo de experimentos es menos exigente que el principal adoptado.

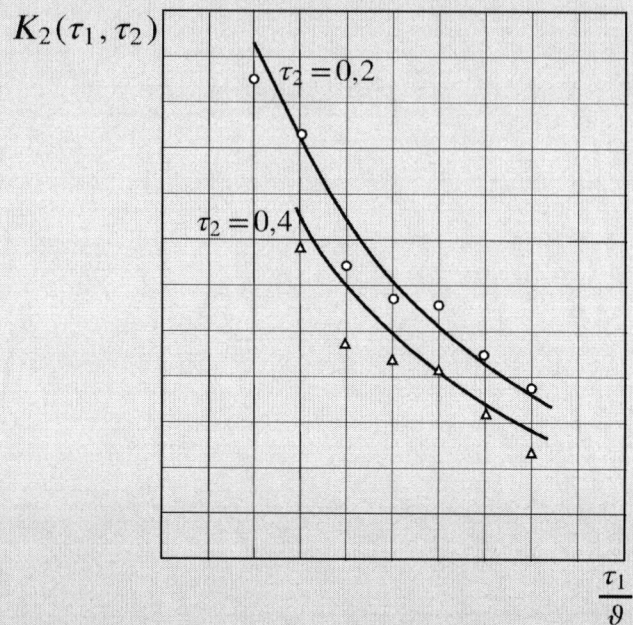

Figura 4.10: Representación de la evolución del núcleo $K_2(\tau_1, \tau_2)$ para distintos valores de $\alpha = \frac{\tau_1}{\vartheta}$ y $\beta = \frac{\tau_2}{\vartheta}$, según los datos de la tabla 4.2.

4.3. Conclusiones

El intercorrelacionador diseñado en esta tesis abre una vía en orden a la aplicación práctica de la teoría de Wiener de sistemas no lineales a la idenficación de procesos. Con el mismo, se pueden identificar fácilmente una amplia clase de sistemas no lineales que presenten no linealidades no excesivamente agudas. Su empleo práctico, sin embargo, está subordinado, por una parte, al establecimiento de criterios de coste adecuados y, por otra, a la identificación de parámetros derivados de los núcleos que expresen el criterio de bondad elegido. No obstante, pensamos que en cualquier caso servirá para trabajos futuros sobre sistemas no lineales que permitan centrar las posibilidades prácticas de la teoría de Wiener y su aplicación a problemas reales.

Como sugerencias para posteriores trabajos en esta línea, cabe considerar en primer lugar las aplicaciones tecnológicas. Estas se centran principalmente en la posibilidad de empleo de conmutadores electrónicos que permitan reducir más y más los valores de ϑ, en lugar de los relés empleados en el presente trabajo.

En segundo lugar, se encuentran los trabajos teóricos a realizar, que se pueden agrupar en nuestra opinión en dos grupos. Por una parte, estudios sobre las dispersiones y errores de las medidas en función de a, ϑ y T. Y por otra, como se apuntaba más arriba, investigaciones en torno a criterios de coste o bondad que permitan establecer parámetros característicos de los sistemas, fácilmente derivables de los núcleos medidos.

Apéndice A
Continuidad de funcionales

En la sección 2.1 se ha indicado que un funcional es una aplicación de un espacio funcional en el espacio $\mathbb{R}^1$. Es decir, que a cada elemento del espacio funcional hace corresponder un punto en el eje real. En el estudio teórico de la caracterización de sistemas no lineales por medio de funcionales tiene particular interés el estudio de la continuidad de los mismos, que es a lo que se va a dedicar el presente apéndice, si bien más a título descriptivo que riguroso. Es decir, se trata más bien de ilustrar conceptos que de fundamentarlos de manera estricta.

Para alcanzar ese objetivo interesa introducir primeramente el concepto de norma de un espacio funcional. Se entiende por tal una función denotada por $\| \cdot \|$ cuyo dominio es el espacio funcional y cuyo recorrido es el semieje real positivo, que cumple lo siguiente:

a) $\|x(t)\| \geq 0$,

b) $\|x(t)\| \neq 0$ sí y solo sí $x(t) \neq 0$,

c) $\|\alpha x(t)\| = |\alpha|\,\|x(t)\|, \quad \forall \alpha \in \mathbb{C}$,

b) $\|x_1(t) + x_2(t)\| \leq \|x_1(t)\| + \|x_2(t)\|$.

Debido al amplio uso de los criterios de optimización cuadrática empleados en el estudio de sistemas, una norma fundamentalmente simple y con un gran significado físico que se ha extendido ampliamente es la siguiente:

$$\|x(t)\| = \lim_{T \to \infty} \int_0^T x^2(t)dt. \qquad \text{(A-1)}$$

En el estudio de los espacios funcionales se han propuesto otras normas, pero para el carácter ilustrativo de este apéndice la consideración de (A-1) es suficiente.

Obsérvese que la norma propuesta puede interpretarse como una generalización de la distancia euclídea entre elementos del espacio funcional. Esta consideración es altamente intuitiva y ayuda enormemente en las apreciaciones en torno a los espacios funcionales y sus aplicaciones al estudio de señales y sistemas. Una norma implica el establecimiento de una métrica en el espacio considerado, la cual a su vez permite definir una topología, lo que resulta muy clarificador de los conceptos propuestos.

Por ejemplo, considérense dos elementos del espacio funcional considerado $x_1(t)$ y $x_2(t)$, tales que

$$\|x_1(t) - x_2(t)\| = 0,$$

teniendo en tal caso dos funciones de t que toman el mismo valor excepto en un conjunto de puntos de medida nula. Desde un punto de vista estadístico son dos funciones que casi siempre toman el mismo valor y son prácticamente iguales.

Una métrica como la anteriormente propuesta permite definir un entorno al elemento $x(t)$ como el formado por todos los $x_i(t)$ que verifican

$$\|x(t) - x_i(t)\| < \epsilon, \qquad\qquad (A\text{-}2)$$

y, por lo tanto, permite definir conceptos como el de continuidad en el espacio funcional considerado. En efecto, un funcional $y(t)$ se dice *continuo* si los valores que toma para cualquier $x_i(t)$ que cumpla (A-2) son tales que

$$\|y(t) - y_i(t)\| < \rho, \qquad\qquad (A\text{-}3)$$

siendo ρ y ϵ números arbitrarios.

A partir de la noción de continuidad se pueden introducir los conceptos básicos del cálculo infinitesimal referidos a funcionales.

Apéndice B

Transformadas multidimensionales y asociación de variables

Sea $f(t)$ una función del tiempo sujeta a ciertas condiciones. Se define su transformada de Fourier como

$$F(j\omega) = \int_{-\infty}^{\infty} f(t)e^{-j\omega t}dt, \tag{B-1}$$

y a su vez se tiene que

$$f(t) = \frac{1}{2\pi} \int_{-\infty}^{\infty} F(j\omega)e^{j\omega t}d\omega. \tag{B-2}$$

Las funciones $f(t)$ y $F(j\omega)$ reciben el nombre de *par de transformadas de Fourier*. Lo anterior se generaliza para n dimensiones definiendo el par de transformadas multidimensionales de la forma

$$F_n(j\omega_1, \ldots, j\omega_n) = \int_{-\infty}^{\infty} \cdots \int_{-\infty}^{\infty} f_n(t_1, \ldots, t_n)e^{-j\omega_1 t_1 \cdots - j\omega_n t_n}dt_1 \ldots dt_n, \tag{B-3}$$

$$f_n(t_1, \ldots, t_n)$$

$$= \left(\frac{1}{2\pi}\right)^n \int_{-\infty}^{\infty} \cdots \int_{-\infty}^{\infty} F_n(j\omega_1, \ldots, j\omega_n)e^{j\omega_1 t_1 \cdots + j\omega_n t_n}d\omega_1 \ldots d\omega_n. \tag{B-4}$$

De una manera paralela se introducen los *pares de transformadas de Laplace* $f_n(t_1, \ldots, t_n)$ y $F_n(s_1, \ldots, s_n)$, con $s_i = j\omega_i, i = 1, \ldots, n$. Nótese que las propiedades de las transformadas multidimensionales fueron ampliamente estudiadas por Van Trees [45].

En los estudios de sistemas no lineales con transformadas multidimensionales se simplifican considerablemente los procesos operativos con la introduccion de la noción de *asociación de variables* desarrollada inicialmente por George [18]. Dadas $f_n(t_1, t_2, \ldots, t_n)$ y $F_n(s_1, s_2, \ldots, s_n)$, la asociación de variables es un método que, asumiendo $t_i = t_j$ para dos i, j cualesquiera, permite obtener $F_{n-1}|_{s_i=s_j}$ a partir de F_n sin necesidad de calcular explícitamente f_n. Este proceso se puede aplicar recursivamente asociando dos variables en cada iteración. En lo que sigue se va a discutir para $n = 2$, siendo la generalización inmediata. En efecto, sea

$$f_2(t_1, t_2) = \left(\frac{1}{2\pi j}\right)^2 \int_{\sigma_1-j\infty}^{\sigma_1+j\infty} \int_{\sigma_2-j\infty}^{\sigma_2+j\infty} F_2(s_1, s_2) e^{s_1 t_1 + s_2 t_2} ds_1 ds_2, \quad \text{(B-5)}$$

donde $s_i = \sigma_i + j\omega_i$, con $\sigma_i \in \mathbb{R}$.

Interesa determinar $f_2(t) = f_2(t, t)$ sin calcular $f_2(t_1, t_2)$. Para ello se hace $t_1 = t_2 = t$ en (B-5) y se tiene

$$f_2(t) = \left(\frac{1}{2\pi j}\right)^2 \int_{\sigma_1-j\infty}^{\sigma_1+j\infty} \int_{\sigma_2-j\infty}^{\sigma_2+j\infty} F_2(s_1, s_2) e^{(s_1+s_2)t} ds_1 ds_2, \quad \text{(B-6)}$$

y haciendo $s_1 + s_2 = u$ y eligiendo σ_i de forma que garantice la convergencia de la integral, se llega a

$$\begin{aligned}
f_2(t) &= \left(\frac{1}{2\pi j}\right)^2 \int_{\sigma_2-j\infty}^{\sigma_2+j\infty} \left[\int_{\sigma_1-j\infty}^{\sigma_1+j\infty} F_2(u - s_2, s_2) e^{tu} du\right] ds_2 \\
&= \frac{1}{2\pi j} \int_{\sigma_1-j\infty}^{\sigma_1+j\infty} e^{tu} du \left[\frac{1}{2\pi j} \int_{\sigma_2-j\infty}^{\sigma_2+j\infty} F_2(u - s_2, s_2) ds_2\right].
\end{aligned}$$
$$\text{(B-7)}$$

Del anterior resultado se puede concluir que

$$f_2(t) = \frac{1}{2\pi j} \int_{\sigma_1-j\infty}^{\sigma_1+j\infty} F_1(s) e^{st} ds, \quad \text{(B-8)}$$

siendo

$$F_1(s) = \frac{1}{2\pi j} \int_{\sigma_2-j\infty}^{\sigma_2+j\infty} F_2(s - u, u) du. \quad \text{(B-9)}$$

Tabla B.1: Asociaciones típicas de $Y(s_1, s_2)$ con $Y(s)$.

$Y(s_1, s_2)$	$Y(s)$
$Y(s_1 + s_2)$	$Y(s)$
$\dfrac{A}{(s_1+a)(s_2+b)}$	$\dfrac{A}{s+a+b}$
$\dfrac{A}{(s_1+a)^n(s_2+b)^m}$	$\dfrac{(n+m-2)!}{(n-1)!(m-1)!} \cdot \dfrac{A}{(s+a+b)^{m+n-1}}$
$\dfrac{G(s_1+s_2)}{(s_1+a)(s_2+b)}$	$\dfrac{G(s)}{s+a+b}$
$\dfrac{s_1+s_2+a+b}{(s_1+a)(s_2+b)}$	1

Como se ha comentado, para el caso de una función $f_n(s_1, \ldots, s_n)$, se generaliza fácilmente el procedimiento expuesto.

Aunque la integral (B-9) puede resolverse fácilmente, en general, con ayuda de los residuos para la integración en el campo complejo, en la práctica no es necesario, pues la aplicación para unos cuantos casos típicos y una cierta soltura permiten obtener los resultados deseados. En este sentido, algunas asociaciones típicas de $Y(s_1, s_2)$ con $Y(s)$ se resumen en la tabla B.1.

Apéndice C

Familia de funcionales ortogonales de Wiener

Norbert Wiener, al desarrollar su teoría de sistemas no lineales, se vio forzado a introducir una familia de funcionales ortogonales con respecto a una señal blanca gaussiana. Para ello procedió según el método convencional para funciones de una variable real. Este método consiste en obtener a partir de una familia de funciones f_i otra familia φ_i tomando sucesivas combinaciones lineales de las primeras, de manera que cada nueva combinación lineal sea ortogonal con las ya formadas.

La familia de funcionales no ortogonales de la que partió fue la de funcionales homogéneos y por convenientes combinaciones de aquellas llegó a establecer una familia de funcionales ortogonalizados, tal como se va a ver a continuación.

Una combinación lineal de un funcional homogéneo de grado cero y uno homogéneo de primer grado recibe el nombre de *funcional no homogéneo* de primer grado y se puede escribir

$$\varphi_1(t) = \int_{-\infty}^{\infty} K_1(\tau)x(t-\tau)d\tau + K_{0(1)}, \qquad \text{(C-1)}$$

donde los límites de la integral se omitirán en lo sucesivo.

La construcción progresiva de funcionales ortogonalizadas exige que $\varphi_1(t)$ sea ortogonal a cualquier funcional de grado cero, o sea, a cualquier constante C_0, lo que exige que

$$C_0\varphi_1(t) = C_0 \int K_1(\tau)x(t-\tau)d\tau + K_{0(1)}C_0 = 0. \qquad \text{(C-2)}$$

Como la señal blanca gaussiana tiene por media temporal el valor cero, la expresión anterior se convierte en

$$K_{0(1)}C_0 = 0, \qquad \text{(C-3)}$$

que al tener que cumplirse para cualquier C_0, exige que $K_{0(1)} = 0$. Por tanto, el funcional ortogonal de primer grado será

$$\int K_1(\tau)x(t - \tau)d\tau,$$

que, siguiendo la notación de Wiener, se escribe

$$G_1[K_1, x(t)] = \int K_1(\tau)x(t - \tau)d\tau. \tag{C-4}$$

Para construir el funcional ortogonal de segundo grado, se toma un funcional no homogéneo de segundo grado tal como

$$\varphi_2(t) = \int\int K_2(\tau_1, \tau_2)x(t-\tau_1)x(t-\tau_2)d\tau_1 d\tau_2 + \int K_{1(2)}(\tau)x(t-\tau)d\tau + K_{0(2)}, \tag{C-5}$$

y se le impone la condición de ser ortogonal a todo funcional homogéneo de grado cero y a todo funcional homogéneo de primer grado.

Para realizar este proceso es necesario recordar la expresión de los *momentos sucesivos* de una señal gaussiana. Esta expresión, bien conocida de estadística [33–35], dice que

$$\prod_{i=1}^{n} \overline{x(t - \tau_i)} = 0, \tag{C-6}$$

si n es impar y

$$\prod_{i=1}^{n} \overline{x(t - \tau_i)} = \sum \prod \overline{x(t - \tau_i)x(t - \tau_j)}, \tag{C-7}$$

si n es par, en donde la suma está extendida a todos los productos que se pueden formar tomando n objetos por parejas [48]. Si la señal, además de ser gaussiana, es blanca, se tiene

$$\overline{x(t - \tau_i)x(t - \tau_j)} = A\delta(\tau_i - \tau_j), \tag{C-8}$$

en donde A es el espectro de densidad de potencia y $\delta(\cdot)$ es la función de Dirac.

La condición de ortogonalidad de $\varphi_2(t)$ con respecto a cualquier funcional homogéneo de grado cero, o sea, a C_0, habida cuenta de las relaciones (C-6) y (C-7), conduce a

$$\overline{\varphi_2(t)C_0} = C_0 K_{0(2)} + C_0 A \int K_2(\tau, \tau)d\tau = 0, \tag{C-9}$$

es decir,

$$K_{0(2)} = -A \int K_2(\tau, \tau)d\tau. \qquad (C\text{-}10)$$

La ortogonalidad respecto a los funcionales de primer grado

$$y_1(t) = \int C_1(\mu)x(t - \mu)d\mu,$$

conduce a

$$\overline{\varphi_2(t)y_1(t)} = \int \int K_{1(2)}(\tau)C_1(\mu)\overline{x(t - \tau)x(t - \mu)}d\tau d\mu = 0, \qquad (C\text{-}11)$$

ecuación que solo se cumplirá para cualquier $C_1(\mu)$ si

$$K_{1(2)}(\tau) = 0. \qquad (C\text{-}12)$$

Teniendo presente (C-10) y (C-12) el funcional ortogonal de segundo grado será

$$G_2[K_2, x(t)] = \int \int K_2(\tau_1, \tau_2)x(t - \tau_1)x(t - \tau_2)d\tau_1 d\tau_2 - A \int K_2(\tau, \tau)d\tau,$$
$$(C\text{-}13)$$

escrito en la notación de Wiener.

De la misma forma se procede con los de grado superior, llegándose para $n = \{3, 4, 5\}$, respectivamente, a los siguientes funcionales:

$$G_3[K_3, x(t)] = \int \int \int K_3(\tau_1, \tau_2, \tau_3)x(t - \tau_1)x(t - \tau_2)x(t - \tau_3)d\tau_1 d\tau_2 d\tau_3$$

$$- 3A \int \int K_3(\tau_1, \tau_2, \tau_2)x(t - \tau_1)d\tau_1 d\tau_2,$$
$$(C\text{-}14)$$

$$G_4[K_4, x(t)] = \int \int \int \int K_4(\tau_1, \ldots, \tau_4)x(t - \tau_1) \ldots x(t - \tau_4)d\tau_1 \ldots d\tau_4$$

$$- 6A \int \int \int K_4(\tau_1, \tau_2, \tau_3, \tau_3)x(t - \tau_1)x(t - \tau_2)d\tau_1 d\tau_2 d\tau_3$$

$$+ 3A^2 \int \int K_4(\tau_1, \tau_1, \tau_2, \tau_2)d\tau_1 d\tau_2,$$
$$(C\text{-}15)$$

$G_5[K_5, x(t)]$

$$= \int\int\int\int\int K_5(\tau_1, \ldots, \tau_5)x(t-\tau_1)\ldots x(t-\tau_5)d\tau_1 \ldots d\tau_5$$

$$- 10A \int\int\int\int\int K_5(\tau_1, \tau_2, \tau_3, \tau_4, \tau_4)x(t-\tau_1)x(t-\tau_2)x(t-\tau_3)d\tau_1 \ldots d\tau_4$$

$$+ 15A^2 \int\int\int K_5(\tau_1, \tau_2, \tau_2, \tau_3, \tau_3)x(t-\tau_1)d\tau_1 d\tau_2 d\tau_3,$$

$$(C-16)$$

Debe observarse que cada miembro de la familia depende exclusivamente de un solo núcleo, lo que es obvio por el procedimiento de síntesis. De ahí que se pueda escribir $G_n[K_n, x(t)]$ para los miembros de la familia.

La relación entre la entrada y la salida de un sistema no lineal puede expresarse por el desarrollo en serie

$$y(t) = \sum_{n=0}^{\infty} G_n[K_n, x(t)], \tag{C-17}$$

que cumple

$$\overline{G_m[K_m, x(t)]G_n[K_n, x(t)]} = 0, \quad m \neq n, \tag{C-18}$$

y recibe el nombre de propiedad de *ortogonalidad*.

Apéndice D

Método de Lee-Schetzen

El método que se va a describir [30] es en esencia una generalización del método de obtención de la respuesta impulsional de un sistema lineal por correlación [29], método ampliamente empleado en la identificación en línea de procesos industriales sometiéndolos a señales aleatorias y midiendo la correlación entre estas señales y las de salida del sistema.

Sea (C-17) la relación explícita entre la entrada $x(t)$ a un sistema y la respuesta $y(t)$ del mismo. Supóngase que la entrada $x(t)$ es una señal blanca gaussiana. Si se multiplica la expresión por $C_0 = 1$ y se promedia se tendrá

$$\overline{y(t)} = K_0, \tag{D-1}$$

debido a que todo funcional de la familia G_n para $n \geq 1$ es ortogonal a todo funcional de grado cero, es decir, a una constante. Por lo tanto, (D-1) permite obtener $G_0[K_0, x(t)] = K_0$.

Sea ahora $x_\alpha(t) = x(t - \alpha)$ que puede escribirse

$$x_\alpha(t) = \int \delta(\tau - \alpha) x(t - \tau) d\tau, \tag{D-2}$$

es decir, un retardo puro α puede ser caracterizado por un funcional de primer grado.

Teniendo esto en cuenta, y considerando que la familia G_n ha sido construida con la propiedad de que todo miembro de la misma es ortogonal a cualquier funcional de grado inferior a n, al multiplicar por $x_\alpha(t)$ y promediar se tendrá que

$$\overline{x_\alpha(t) G_n[K_n, x(t)]} = 0, \tag{D-3}$$

para $n \geq 2$.

Por tanto, se llega a

$$\overline{y(t)x_\alpha(t)} = K_0\overline{x(t-\alpha)} + \int K_1(\tau)\overline{x(t-\tau)x(t-\alpha)}d\tau = AK_1(\alpha), \quad \text{(D-4)}$$

es decir,

$$K_1(\alpha) = \frac{1}{A}\overline{y(t)x(t-\alpha)}, \quad \text{(D-5)}$$

expresión que es la misma a la que se llega en el estudio de la respuesta impulsional de un sistema por correlación [29]. Por consiguiente, como era de esperar, el método comprende a los sistemas lineales como caso particular.

Supóngase ahora

$$x_{\alpha\beta}(t) = x(t-\alpha)x(t-\beta),$$

que puede escribirse como

$$x_{\alpha\beta}(t) = \int\int \delta(\tau_1-\alpha)\delta(\tau_2-\beta)x(t-\tau_1)x(t-\tau_2)d\tau_1 d\tau_2, \quad \text{(D-6)}$$

es decir, que el producto de dos formas retrasadas de $x(t)$ puede expresarse por un funcional de segundo grado.

El producto de $x_{\alpha\beta}(t)$ por $y(t)$ conduce a consideraciones semejantes a las efectuadas más arriba para $x_\alpha(t)$. En efecto, multiplicando $y(t)$ por $x_{\alpha\beta}(t)$ y promediando, de acuerdo con las propiedades de las funcionales G_n, se tendrá que

$$\overline{x_{\alpha\beta}(t)G_n[K_n, x(t)]} = 0, \quad \text{(D-7)}$$

para $n \geq 3$. Es decir,

$$\begin{aligned}
\overline{y(t)x_{\alpha\beta}(t)} &= K_0\overline{x(t-\alpha)x(t-\beta)} + \int K_1(\tau)\overline{x(t-\tau)x(t-\alpha)x(t-\beta)}d\tau \\
&+ \left[\int\int K_2(\tau_1,\tau_2)\overline{x(t-\tau_1)x(t-\tau_2)x(t-\alpha)x(t-\beta)}d\tau_1 d\tau_2\right. \\
&\left. - A\int K_2(\tau,\tau)\overline{x(t-\alpha)x(t-\beta)}d\tau\right].
\end{aligned}$$

$$\text{(D-8)}$$

El segundo término del segundo miembro es nulo según (C-6). Teniendo presente (C-7), la expresión (D-8) se convierte en

$$\overline{y(t)x_{\alpha\beta}(t)} = K_0 A\delta(\alpha - \beta) + 2A^2 K_2(\alpha, \beta) + A^2\delta(\alpha - \beta) \int K_2(\tau, \tau)d\tau$$

$$- A^2\delta(\alpha - \beta) \int K_2(\tau, \tau)d\tau,$$

$$(D-9)$$

por tanto, simplificando

$$\overline{y(t)x_{\alpha\beta}(t)} = K_0 A\delta(\alpha - \beta) + 2A^2 K_2(\alpha, \beta), \qquad (D-10)$$

y si se prescinde de los puntos en que $\alpha = \beta$ se tiene

$$\overline{y(t)x(t - \alpha)x(t - \beta)} = 2A^2 K_2(\alpha, \beta), \qquad (D-11)$$

es decir,

$$K_2(\alpha, \beta) = \frac{1}{2A^2}\overline{y(t)x(t - \alpha)x(t - \beta)}, \qquad (D-12)$$

para $\alpha \neq \beta$. Esta expresión constituye una generalización de (D-5) para sistemas con núcleos de segundo orden.

El anterior razonamiento puede generalizarse para un núcleo K_n de cualquier orden, obteniéndose en tal caso la expresión

$$K_n(\tau_1, \ldots, \tau_n) = \frac{1}{n!A^n}\overline{y(t)\prod_{i=1}^{n} x(t - \tau_i)}, \qquad (D-13)$$

para $\tau_1 \neq \tau_2 \neq \ldots \neq \tau_n$, donde por simplicidad de notación se han renombrado los retardos como τ_i. Esta expresión permite obtener por intercorrelacion los núcleos de cualquier orden excepto en los puntos en que al menos, dos valores de τ_i son iguales.

La expresión (D-13) conduce al diagrama de la figura D.1 que permite realizar las medidas.

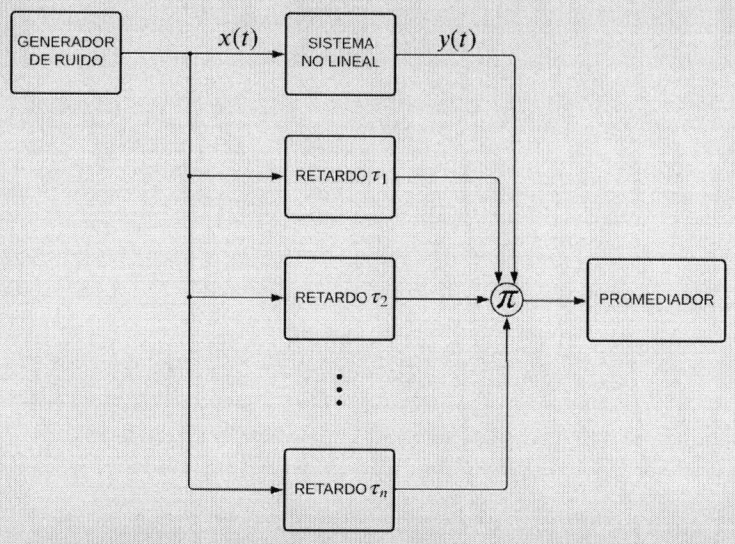

Figura D.1: Diagrama de generación de un núcleo K_n mediante el promedio de las señales $y(t)$ y $x(t - \tau_1)$.

Apéndice E

Realización de un circuito de tiempo para el mando del tiempo medio

El objetivo consiste en diseñar un circuito sequencial de manera que en un punto se tenga una tensión que varíe con el tiempo de acuerdo con la figura E.1.

El montaje adoptado es el de la figura E.2, donde el mando manual se emplea para escribir en el biestable BS1 la señal de puesta en marcha del conjunto. Nótese que la justificación del montaje es inmediata observando la figura E.3.

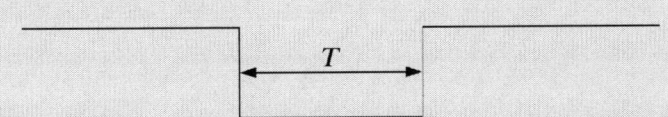

Figura E.1: Diagrama de tensión variable en el tiempo.

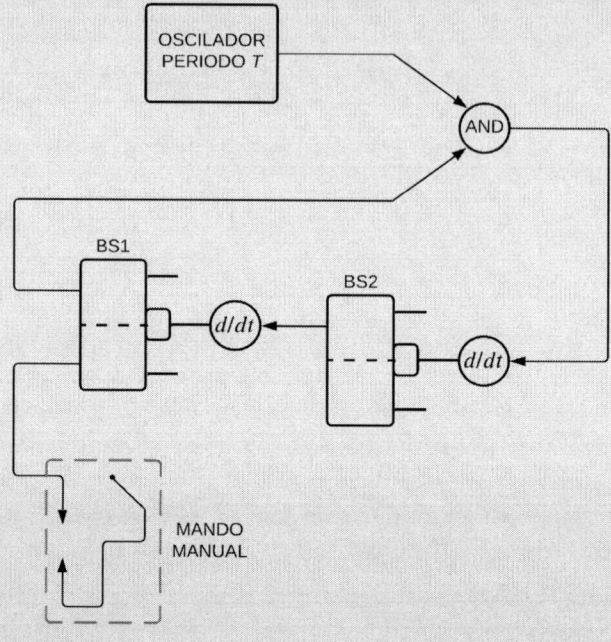

Figura E.2: Montaje del circuito de tiempo.

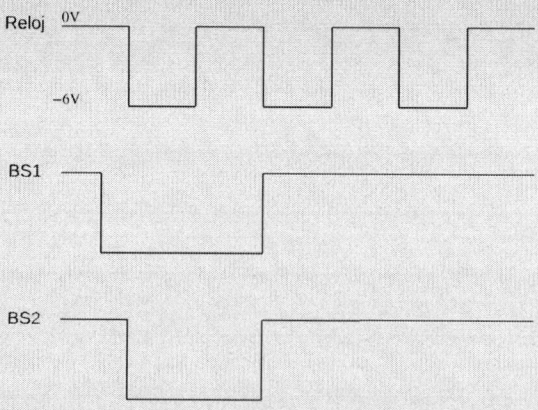

Figura E.3: Representación temporal del reloj frente a los biestables BS1 y BS2.

Bibliografía

[1] P. Alper. Higher dimensional Z-transforms and nonlinear discrete systems. *Revue A (Brussels)*, 6(4):199–212, October 1964.

[2] P. Alper and D. C. J. Poortvliet. On the use of Volterra series representation and higher order impulse responses for nonlinear systems. *Revue A (Brussels)*, 6(1):19–30, January 1964.

[3] J. Aracil and P. Albertos. *Prácticas de calculadoras digitales*. Sección de Publicaciones, Escuela Técnica Superior de Ingenieros, Sevilla, 1967.

[4] J. Blackman. *The Representation of Nonlinear Networks*. Technical Report No. 81560, Syracuse University Research Institute, undertaken for the Air Force Cambridge Research Center, Bedford, Massachusetts, USA, 1956.

[5] A. G. Bose. *A Theory of Nonlinear Systems*. Technical Report No. 309, Research Laboratory of Electronics, Massachusetts Institute of Technology, USA, July 1956.

[6] A. G. Bose. Nonlinear systems characterization and optimization. *IRE Transactions on Information Theory*, IT-5 (Special Supplement):30–40, May 1959.

[7] M. B. Brilliant. *Theory of the Analysis of Nonlinear Systems*. Technical Report No. 345, Research Laboratory of Electronics, Massachusetts Institute of Technology, USA, March 1958.

[8] R. Cameron and W. T. Martin. The orthogonal development of nonlinear functionals in series of Fourier–Hermite functionals. *Annals of Mathematics*, 48(2):385–392, April 1947.

[9] D. A. Chesler. *Optimum Nonlinear Filters with Fixed Output-networks*. Quarterly Progress Report No. 118, Research Laboratory of Electronics, Massachusetts Institute of Technology, USA, July 1958.

[10] D. A. Chesler. *Approximations to Nonlinear Systems.* Quarterly Progress Report No. 54, Research Laboratory of Electronics, Massachusetts Institute of Technology, USA, July 1959.

[11] D. A. Chesler. *Second-order Nonlinear Filters.* Quarterly Progress Report No. 53, Research Laboratory of Electronics, Massachusetts Institute of Technology, USA, April 1959.

[12] R. Deutsch. On a method of Wiener for noise through nonlinear devices. In *IRE Convention Record, Part 4*, pages 186–192, March 1955.

[13] R. Deutsch. *Nonlinear Transformations of Random Processes.* Prentice Hall, Englewood Cliffs, New Jersey, USA, 1962.

[14] R. H. Flake. Volterra series representation of nonlinear systems. *Transactions of the American Institute of Electrical Engineers, Part II: Applications and Industry*, 81(6):330–335, January 1963.

[15] R. H. Flake. Volterra series representation of time-varying nonlinear systems. In *Proceedings of the 2nd IFAC World Congress*, pages 91–99, Basle, Switzerland, June 1963.

[16] D. Gabor. Communication theory and cybernetics. *Transactions of the IRE Professional Group on Circuit Theory*, CT-1(4):19–31, December 1954.

[17] D. Gabor, W. P. L. Wilby, and R. Woodcock. A universal non-linear filter, predictor and simulator which optimizes itself by a learning process. *Proceedings of the IEE - Part B: Electronic and Communication Engineering*, 108(40):422–435, July 1961.

[18] D. A. George. *Continous Nonlinear Systems.* Technical Report No. 355, Research Laboratory of Electronics, Massachusetts Institute of Technology, USA, July 1959.

[19] A. D. G. Hazlerigg. *System Identification by Cross-correlation using a Class of Binary Test Signals.* PhD thesis, University of Nottingham, UK, May 1965.

[20] M. T. G. Hughes. *Theory and Design of a Cross-correlator for the Measurement of Control System Characteristics.* PhD thesis, University of Nottingham, UK, April 1961.

[21] Yu. F. Kichatoov. Analytic solution of the optimization problem of a certain class of nonlinear systems. *Automation and Remote Control*, 9, 1965.

[22] Yu. F. Kichatoov. Determination of nonlinear characteristics of control objets with gaussian imputs. *Automation and Remote Control*, 6, 1965.

[23] Y. H. Ku. On nonlinear networks with random inputs. *IRE Transactions on Circuit Theory*, 7(4):479–490, December 1960.

[24] Y. H. Ku and C. C. Su. Volterra functional analysis of nonlinear time-varying systems. *Journal of the Franklin Institute*, 284(6):344–365, December 1967.

[25] Y. H. Ku and A. A. Wolf. Laurent-Cauchy transforms for analysis of linear systems described by differential-difference and sum equations. *Proceedings of the IRE*, 48(5):923–931, May 1960.

[26] Y. H. Ku and A. A. Wolf. Volterra-Wiener functionals for the analysis of nonlinear systems. *Journal of the Franklin Institute*, 281(1):9–26, January 1966.

[27] Y. H. Ku, A. A. Wolf, and J. H. Dietz. On a systematic approximation to the partition method for analysis of a class of nonlinear systems. *Transactions of the American Institute of Electrical Engineers, Part II: Applications and Industry*, 79(3):183–191, July 1960.

[28] Y. H. Ku, A. A. Wolf, and J. H. Dietz. Taylor-Cauchy transforms for analysis of a class of nonlinear systems. *Proceedings of the IRE*, 48(5):912–922, May 1960.

[29] Y. W. Lee. *Statistical Theory of Communication*. John Wiley & Sons Inc., 1960.

[30] Y. W. Lee and M. Schetzen. Measurement of the wiener kernels of a non-linear system by cross-correlation. *International Journal of Control*, 2(3):237–254, 1965.

[31] Y. W. Lee and M. Schetzen. Some aspects of the Wiener theory of nonlinear systems. In *Proceedings of the National Electronics Conference*, pages 759–764, Chicago, USA, January 1965.

[32] R. Mcfee. Determining the response of nonlinear systems to arbitrary inputs. *Transactions of the American Institute of Electrical Engineers, Part II: Applications and Industry*, 80(4):189–193, September 1961.

[33] K. S. Miller. *Multidimensional Gaussian Distributions*. John Wiley & Sons Inc., 1964.

[34] R. Paley, N. Wiener, and A. Zygmund. Notes on random functions. *Mathematische Zeitschrift*, 37:647–688, 1933.

[35] E. Parzen. *Stochastic Processes*. Holden-Day, Inc., Oakland, California, USA, 1962.

[36] V. S. Pugachev. Statistical theory of systems reducible to linear. *IRE Transactions on Circuit Theory*, 7(4):506–513, December 1960.

[37] V. S. Pugachev. *Theory of Random Functions and its Application to Control Problems*. Pergamon Press, 1965.

[38] J. Rey Pastor. *Elementos de la Teoría de Funciones, 3ª edición*. Editorial Iberoamericana, 1953.

[39] M. Schetzen. *Some Problems in Nonlinear Theory*. Technical Report No. 390, Research Laboratory of Electronics, Massachusetts Institute of Technology, USA, July 1962.

[40] M. Schetzen. *Determination of Optimum Nonlinear Systems for Gaussian Inputs by Cross-Correlation*. Quarterly Progress Report No. 79, Research Laboratory of Electronics, Massachusetts Institute of Technology, USA, October 1965.

[41] M. Schetzen. Determination of optimum nonlinear systems for generalized error criteria based on the use of gate functions. *IEEE Transactions on Information Theory*, 11(1):117–125, January 1965.

[42] M. Schetzen. Measurement of the kernels of a non-linear system of finite order. *International Journal of Control*, 1(3):251–263, 1965.

[43] M. Schetzen. Synthesis of a class of nonlinear systems. *International Journal of Control*, 1(5):401–414, 1965.

[44] H. E. Singleton. *Theory of Nonlinear Transducers*. Technical Report No. 160, Research Laboratory of Electronics, Massachusetts Institute of Technology, USA, August 1950.

[45] H. L. Van Trees. *Synthesis of Optimum Nonlinear Control Systems.* Technology Press Research Monographs. MIT Press, Massachusetts Institute of Technology, USA, 1963.

[46] H. L. Van Trees. Functional techniques for the analysis of the nonlinear behavior of phase–locked loops. *Proceedings of the IEEE*, 52(8):894–911, August 1964.

[47] V. Volterra. *Theory of Functionals and of Integral and Integrodifferential Equations.* Dover Publications, USA, 1959. *First Edition: 1927.*

[48] N. Wiener. *Nonlinear Problems in Random Theory.* Technology Press Research Monographs. MIT Press, Massachusetts Institute of Technology, USA, 1958.

[49] H. Wilson. Cross–correlation analyzer using P.R.B.S. *Electronic Engineering*, pages 66–70, May 1969.

[50] L. A. Zadeh. A contribution to the theory of nonlinear systems. *Journal of the Franklin Institute*, 255(5):387–408, May 1953.

[51] L. A. Zadeh. Nonlinear multipoles. *Proceedings of the National Academy of Sciences*, 39(4):274–280, April 1953.

[52] L. A. Zadeh. Optimum nonlinear filters. *Journal of Applied Physics*, 24:396, 1953.

[53] L. A. Zadeh. On the representation of nonlinear operators. In *IRE Westcon Convention Record, Part 2*, pages 105–113, 1957.

[54] G. Zames. Functional analysis applied to nonlinear feedback systems. *IEEE Transactions on Circuit Theory*, 10(3):392–404, September 1963.

[55] G. Zames. On the stability of nonlinear, time–varying feedback systems. In *Proceedings of the National Electronics Conference*, volume 20, pages 725–730, Chicago, USA, 1964.

[56] G. D. Zames. *Nonlinear Operators – Cascading, Inversión and Feedback.* Quarterly Progress Report No. 53, Research Laboratory of Electronics, Massachusetts Institute of Technology, USA, April 1959.

Artículo en *IEEE*

En las siguientes páginas se adjunta, a modo de homenaje, el siguiente artículo escrito por el profesor Aracil en 1970, y publicado en la prestigiosa revista *IEEE Transactions on Automatic Control*:

J. Aracil, "Measurement of Wiener kernels with binary random signals," in IEEE Transactions on Automatic Control, vol. 15, no. 1, pp. 123-125, February 1970, DOI: 10.1109/TAC.1970.1099387.

Este artículo, que resume los principales logros obtenidos en la tesis del profesor Aracil, tuvo el honor de ser presumiblemente el primero publicado en dicha revista desde una escuela de ingenieros industriales española.

Para la reproducción del artículo en este libro se han solicitado los correspondientes permisos a la revista en cuestión. Se quiere agradecer expresamente al editor en jefe de *IEEE Transactions on Automatic Control*, el profesor Alessandro Astolfi, y en general a todo el equipo editorial de la revista, la colaboración en este cometido.

The equation governing the covariance of the errors in predicting the states of the system by α units of time is the solution of

$$\dot{P}_{ss}(\beta) = FP_{ss}(\beta) + P_{ss}(\beta)F^T + \Gamma Q \Gamma^T, \quad \beta \geq 0 \quad (8)$$

at $\beta = \alpha$, with the initial condition $P_{ss}(0) = P_{ss}$. In (8) F,Γ,Q are from (1) and (5).

One must now specify algorithms to compute $P_{ss}(\alpha)$. The first step in the computation is to find the eigenvalues and the associated eigenvectors of the system matrix F. Define the eigenvalues of F as $\lambda_1, \lambda_2, \cdots, \lambda_n$ and the associated eigenvectors as the respective columns of a matrix defined as A^{-1}. It is assumed that F is diagonalizable. From [5] it can be shown that the covariance matrix associated with the errors on $\hat{x}(t + \alpha/t)$ may be found directly without iterative techniques by the following procedures.

Define a transformed covariance matrix $P_\eta(0) = AP_{ss}A^T$ where $[P_\eta(0)]_{ij}$ is the ijth element of $P_\eta(0)$. Also define $G = A\Gamma Q\Gamma^T A^T$ where G_{ij} is the ijth element of G. Then the value of the ijth element of the transformed covariance matrix $P_\eta(\beta)$ at $\beta = \alpha$ can be written according to [5] as

$$[P_\eta(\alpha)]_{ij} = \frac{G_{ij}}{-(\lambda_i + \lambda_j)}$$
$$+ \left[\frac{G_{ij}}{(\lambda_i + \lambda_j)} + [P_\eta(0)]_{ij} \right] \exp\left[(\lambda_i + \lambda_j)\alpha\right]. \quad (9)$$

Thus, each element of $P_\eta(\alpha)$ can be computed from (9). The error covariance matrix associated with the optimally predicted states of the system $\hat{x}(t + \alpha/t)$ can be computed by the inverse transformations

$$P_{ss}(\alpha) = A^{-1}P_\eta(\alpha)(A^{-1})^T. \quad (10)$$

Steady-State Smoothing Error Covariance

A smoothed optimal estimate is defined as that estimate which optimally uses the measurements up to and including time t to estimate the state of the system at some previous time $t - \alpha$. Such an estimate is defined by $\hat{x}(t - \alpha/t)$. The error covariance matrix associated with the optimal fixed lag smoothed estimate must be found.

It can be shown that the steady-state error covariance matrix associated with the smoothing solution can be described by the following differential equation[3]

$$\dot{P}_{ss}(\beta) = [F_{eq} + Q_{eq}P_{ss}^{-1}]\bar{P}_{ss}(\beta) + \bar{P}_{ss}(\beta)[F_{eq} + Q_{eq}P_{ss}^{-1}]^T - Q_{eq},$$
$$\beta < t \quad (11)$$

whose final condition at t is specified as P_{ss}. The solution backward yields the covariance associated with fixed lag smoothing where the lag is $\beta' = t - \beta$. By introducing the transformation $\bar{P}_{ss}(t - \beta') = P_{ss}'(\beta')$, $\beta' \geq 0$, (11) reduces to a forward differential equation in terms of the lag β' as the independent variable.

$$\dot{P}_{ss}'(\beta') = -[F_{eq} + Q_{eq}P_{ss}^{-1}]P_{ss}'(\beta')$$
$$\cdot P_{ss}'(\beta')[F_{eq} + Q_{eq}P_{ss}^{-1}]^T + Q_{eq}. \quad (12)$$

The solution at $\beta' = \alpha$, with initial condition $P_{ss}'(0) = P_{ss}$, is the desired result. The smoothing covariance is defined as $P_{ss}(-\alpha) = P_{ss}'(\alpha)$.

By substituting $P_{ss} = US^{-1}$ into (4) with $\dot{P} = 0$, and using the properties of the matrix

$$\begin{bmatrix} S \\ -- \\ U \end{bmatrix}$$

[3] See (1), (2), and (4) for the meaning of symbols. This equation has the form of that found in [3] with the extension for including the effect of the correlated measurement noise [2].

it can easily be shown that (12) is identical to

$$\dot{P}_{ss}'(\beta') = U[-D]U^{-1}P_{ss}'(\beta') + P_{ss}'(\beta')[U[-D]U^{-1}]^T + Q_{eq}. \quad (13)$$

Note that this equation has exactly the same form as (8), where $U[-D]U^{-1}$ has replaced F, and Q_{eq} has replaced $\Gamma Q\Gamma^T$. The matrix D is diagonal. Its diagonal elements $D_{11}, D_{22}, \cdots, D_{nn}$ are those eigenvalues of the matrix F_T with positive real parts. The solution for $P_{ss}'(\alpha)$ can then be written by inspection as follows [5]. Define $P_\gamma'(0) = U^{-1}P_{ss}(U^{-1})^T$, and define $[P_\gamma'(0)]_{ij}$ as the ijth element of $P_\gamma'(0)$. Define $G' = U^{-1}Q_{eq}(U^{-1})^T$ where G_{ij}' is the ijth element of G', then $P_\gamma'(\alpha)$ can be defined by its elements

$$[P_\gamma'(\alpha)]_{ij} = \frac{-G_{ij}'}{(-D_{ii} - D_{jj})}$$
$$+ \left[\frac{G_{ij}'}{(-D_{ii} - D_{jj})} + [P_\gamma'(0)]_{ij} \right] \exp\left[-(D_{ii} + D_{jj})\alpha\right] \quad (14)$$

and[4]

$$P_{ss}(-\alpha) = P_{ss}'(\alpha) = UP_\gamma'(\alpha)U^T. \quad (15)$$

It is interesting to observe that the smoothing covariance can be found with little additional computation beyond that necessary to obtain the filtering solution. Thus, one can consider the smoothing solution as a bonus of the filtering solution. Also note that the irremovable error (infinite smoothing) can be obtained by setting to zero the second term on the right-hand side of (14).

Conclusions

The steady-state solutions of the error covariance matrix have been given for filtering, predicting, and smoothing. They are nonrecursive and can be efficiently implemented on a digital computer for evaluation.

H. James Rome
Dynamics Research Corp.
Wilmington, Mass.

References

[1] R. E. Kalman and R. S. Bucy, "New results in linear filtering and prediction theory," *Trans. ASME, J. Basic Engrg.*, ser. D, vol. 33, pp. 95–107, March 1961.
[2] A. E. Bryson, Jr., and D. E. Johansen, "Linear filtering for time-varying systems using measurements containing colored noise," *IEEE Trans. Automatic Control*, vol. AC-10, pp. 4–10, January 1965.
[3] H. E. Rauch, F. Tung, and C. T. Striebel, "Maximum likelihood estimates of linear dynamic systems," *J. AIAA*, vol. 3, pp. 1445–1450, August 1965.
[4] J. J. O'Donnel, "Asymptotic solution of the matrix Riccati equation of optimal control," *Proc. 4th Ann. Allerton Conf. Circuit and System Theory*, 1966, pp. 577–586.
[5] H. J. Rome, "A direct solution to the linear variance equation of a time-invariant linear system," *IEEE Trans. Automatic Control* (Correspondence), vol. AC-14, pp. 592–593, October 1969.
[6] J. E. Potter, "Matrix quadratic solution," *SIAM J. Appl. Math.*, vol. 14, pp. 496–501, May 1966.
[7] D. K. Faddeev and V. N. Faddeeva, *Computational Methods of Linear Algebra*. New York: Dover, 1959.

[4] The above algorithms require that P_{ss} be invertible.

Measurement of Wiener Kernels with Binary Random Signals

Abstract—A class of random binary signals have statistical properties which can be considered a first approximation to the Gaussian ones. These binary signals are suggested to be used for the identification of nonlinear systems. For that a design of a cross correlator is proposed which takes advantage of the simplicity in handling these signals.

Manuscript received August 4, 1969.

I. Introduction

It is well known that the Wiener theory of nonlinear systems gives an input–output relation for a large class of such systems of the form [1]

$$y(t) = \sum_{n=0}^{\infty} G_n[k_n, x(t)] \tag{1}$$

where $y(t)$ is the output of the system, $x(t)$ is the input, the functions $k_n(\tau_1, \cdots, \tau_n)$ are the Wiener kernels, and $\{G_n\}$ is a complete set of orthogonal functionals. The system is fully characterized by the set of kernels $k_n(\tau_1, \cdots, \tau_n)$. A great problem in the Wiener theory is the determination of such functions.

Lee and Schetzen [2] developed a method for measuring the kernels as a generalization of the method for obtaining the impulse response of linear systems by correlation introduced by Lee [3]. The method is based on the properties of the functionals G_n and leads to the fundamental expression

$$k_n(\tau_1, \cdots, \tau_n) = \frac{1}{n! A^n} \overline{y(t) x(t - \tau_1) \cdots x(t - \tau_n)} \tag{2}$$

except when two or more τ_i are equal among them and where $x(t)$ is a white Gaussian signal, whose density power spectrum is A. The expression (2) allows a measurement of the kernels point by point.

In practical applications of the expression (2) it is necessary to perform the operations in the right side, which are not easily performed with conventional electronic equipment if $x(t)$ is a white Gaussian signal.

This correspondence proposes that a class of binary signals can be used as an approximation to the Gaussian ones, and that with them the operations in the right side of the expression (2) can be easily performed. This leads to the design of a cross correlator made with conventional analog and logical equipment.

II. Some Statistical Properties of the Binary Random Signals

The test signals proposed are the discrete-interval binary noise (DIBN), with the two following properties:

1) the two values taken are precisely $+a$ and $-a$,
2) the signal remains in one of the values during an interval θ. After this interval the signal can take any of the two values with equal probability. Consequently, there is a statistical independence among the values of the signal in different intervals.

The use of the DIBN as a test signal for obtaining the Wiener kernels of a nonlinear system is based on the fact that for a small value of the interval θ its properties coincide in a first approximation with those of a white Gaussian signal and can, therefore, be considered as an acceptable realization of the latter.

In order to study the applications of these signals to the analysis of nonlinear systems, it is necessary to know the average values of products of delayed forms of $x(t)$, i.e., to calculate expressions of the form

$$\overline{x(t - \tau_1) \cdots x(t - \tau_n)}.$$

In what follows, due to the latter use of the signals in the cross correlator, only multiple integers of θ will be considered as delays, in other words it will be considered only $\tau_i = m_i\theta$, where m_i is an integer.

The first- and second-order moments of the DIBN are well known, and it can be shown that for sufficiently small values of θ they can be written

$$\overline{x(t)} = 0 \tag{3}$$

$$\overline{x(t - \tau_1) x(t - \tau_2)} = A\delta(\tau_1 - \tau_2) \tag{4}$$

where $A = a^2\theta$. For the latter uses of these signals a should be large enough to have a value of A practically finite relative to θ. These results can be generalized for larger values of n, and this easily leads to

$$\overline{x(t - \tau_1) \cdots x(t - \tau_n)} = 0 \tag{5}$$

for any odd value of n.

For $n = 4$ it is easy to see that the average product is

$$\overline{x(t - \tau_1) x(t - \tau_2) x(t - \tau_3) x(t - \tau_4)} = a^4 \tag{6}$$

when $m_1 = m_2$ and $m_3 = m_4$, or $m_1 = m_3$ and $m_2 = m_4$, or $m_1 = m_4$ and $m_2 = m_3$, or $m_1 = m_2 = m_3 = m_4$ and equal to zero in any other case.

For a value of θ sufficiently small the preceding expression can be written

$$\overline{x(t - \tau_1) x(t - \tau_2) x(t - \tau_3) x(t - \tau_4)} = A^2\delta(\tau_1 - \tau_2)\delta(\tau_3 - \tau_4)$$
$$+ A^2\delta(\tau_1 - \tau_3)\delta(\tau_2 - \tau_4) + A^2\delta(\tau_1 - \tau_4)\delta(\tau_2 - \tau_3) \tag{7}$$

this function being defined for all τ_i except when $\tau_1 = \tau_2 = \tau_3 = \tau_4$, in which case it is equal to

$$A^2\delta(u,v), \quad u = \tau_1 - \tau_3, \quad v = \tau_2 - \tau_4 \tag{8}$$

where $\delta(u,v)$ is a bidimensional unit impulse function.

The preceding result is easily generalized for any n even. In such a case

$$\overline{x(t - \tau_1) \cdots x(t - \tau_n)} = a^{2n}\theta^n \sum \prod \delta(\tau_i - \tau_j) \tag{9}$$

the sum is over all of the ways of dividing n objects into distinct pairs, and the product is over all of the pairs formed in this manner. The preceding expression is valid for all the sets of values $\{\tau_i\}$ except when four or more of them take the same value, in which case there are expressions similar to (8).

Taking into account (7) and (8), and integrating with relation to τ_3 and τ_4 it is easily deduced that for values of θ sufficiently small

$$\iiint k_4(\tau_1, \tau_2, \tau_3, \tau_4) \overline{x(t - \tau_1) x(t - \tau_2) x(t - \tau_3) x(t - \tau_4)} \, d\tau_1 \, d\tau_2 \, d\tau_3 \, d\tau_4$$
$$= 3A^2 \iint k_4(\tau_1, \tau_1, \tau_2, \tau_2) \, d\tau_1 \, d\tau_2 - 2A^3\theta \int k_4(\tau, \tau, \tau, \tau) \, d\tau. \tag{10}$$

The second term of the right-hand side can be depreciated leaving

$$\iiint k_4(\tau_1, \tau_2, \tau_3, \tau_4) \overline{x(t - \tau_1) x(t - \tau_2) x(t - \tau_3) x(t - \tau_4)} \, d\tau_1 \, d\tau_2 \, d\tau_3 \, d\tau_4$$
$$= 3A^2 \iint k_4(\tau_1, \tau_1, \tau_2, \tau_2) \, d\tau_1 \, d\tau_2. \tag{11}$$

The preceding expression is easily generalized for any even value of n.

All this can be summarized by saying that the DIBN $x(t)$ is such that for a sufficiently small θ the following can be written

$$\int \cdots \int k_n(\tau_1, \cdots, \tau_n) \overline{x(t - \tau_1) \cdots k(t - \tau_n)} \, d\tau_1 \cdots d\tau_n = 0 \tag{12}$$

for n odd, and

$$\int \cdots \int k_n(\tau_1, \cdots, \tau_n) \overline{x(t - \tau_1) \cdots x(t - \tau_n)} \, d\tau_1 \cdots d\tau_n$$
$$= \sum A^n \int \cdots \int k_n(\tau_1, \tau_1, \cdots, \tau_m, \tau_m) \, d\tau_1 \cdots d\tau_n \tag{13}$$

for n even and $n = 2m$. The sum is as in (9).

The expressions (12) and (13) are basic for the deduction of the orthogonalized functionals G_n in the Wiener theory of nonlinear systems and since the DIBN satisfy them in first approximation, these signals can be considered as a first approximation to Gaussian signals. Consequently the G_n functionals will be orthogonal relative to the DIBN signals, and the expression (2) will remain valid. However, it must not be forgotten that it is only true for a sufficiently small value of θ which permits the change from (10) to (11). It must be also remembered that not only θ must be small, but a must be large enough to have a practically finite value of A.

III. APPLICATION TO A CROSS CORRELATOR

The properties of the DIBN previously stated allows the design of a cross correlator in order to perform the operations in the right-hand side of the expression (2). It is very easy to get delayed forms of the DIBN using conventional logical equipment, for example with the aid of a shift register. The product of various delayed forms can be also implemented with logical equipment and will give another binary signal. Finally the product of a binary signal by an analog one is reduced to a modulation. There is a well-known technique for this. It consists in comutating the output of a relay to $+y(t)$ or $-y(t)$ according to whether the value of the binary signal is positive or negative. It should be noted that there is no need for an analog multiplicating device. Based on the design proposed, a cross correlator was built up and some experiments were carried out giving the required results.

JAVIER ARACIL
Dept. of Elec. Engrg.
Escuela Técnica Superior de Ingenieros Industriales
Seville, Spain

REFERENCES

[1] N. Wiener, *Nonlinear Problems in Random Theory.* Cambridge, Mass.: M.I.T. Press, 1958.
[2] Y. W. Lee and M. Schetzen. "Measurement of the Wiener kernels of a non-linear system by cross-correlation," *Internatl. J. Control,* vol. 2, no. 3, pp. 237–254, 1965.
[3] Y. W. Lee, *Statistical Theory of Communication.* New York: Wiley, 1960.

On a Deterministic Theory of Estimation and Control

Abstract—In a recent paper Johnson [1] outlined certain qualitative equivalences between linear deterministic control systems and linear stochastic optimal control systems. This note analyzes the equivalence properties in more detail and establishes a theorem on the inverse stochastic optimal control problem. This theorem is equivalent to Kalman's circle criterion [2] for the restricted stationary case.

INTRODUCTION

Given a linear deterministic process and measurement system of the form

$$\dot{x} = F(t)x + G(t)u$$
$$y = H(t)x \qquad (1)$$

Johnson [1] has shown that linear controllers (deterministic estimation and control systems) can be structured as

$$\dot{\hat{x}} = F(t)\hat{x} + G(t)u + \tfrac{1}{2}P(t)H^T(t)M(t)(y - H(t)\hat{x})$$
$$u = -\tfrac{1}{2}S(t)G^T(t)B_c(t)\hat{x} \qquad (2)$$

where

$$\dot{P} = F(t)P + PF^T(t) + Q(t) - PH^T(t)M(t)H(t)P \qquad (3)$$

for $Q(t)$, $M(t)$, and $P(t_0)$ arbitrary real symmetric positive definite matrices, and

$$-\dot{B}_c = B_cF(t) + F^T(t)B_c + C_c(t) - B_cG(t)S(t)G^T(t)B_c \qquad (4)$$

for $C_c(t)$, $S(t)$, and $B_c(t_f)$ arbitrary real symmetric positive definite matrices. Subject to uniform complete controllability and uniform

Manuscript received August 25, 1969.

complete observability, the resulting closed-loop systems (1) and (2) will be uniformly asymptotically stable in the large (UASIL).

The controller dynamics have the desirable property that the process state x is the unique equilibrium solution of (2), and a set of closed-loop state equations for (1) and (2) may be expressed as

$$\dot{e} = [F(t) - \tfrac{1}{2}P(t)H^T(t)M(t)H(t)]e \qquad (5a)$$
$$\dot{x} = [F(t) - \tfrac{1}{2}G(t)S(t)G^T(t)B_c(t)]x + \tfrac{1}{2}G(t)S(t)G^T(t)B_c(t)e. \qquad (5b)$$

Thus, the stability properties are seen to be separable in the sense that the controller estimation error $e = x - \hat{x}$ is independent of the process state x. It is also shown by Johnson that a Lyapunov pair for (5a) is available as

$$v(e,t) = e^T[P^{-1}(t)]e$$
$$\dot{v}(e,t) = -e^T[P^{-1}(t)Q(t)P^{-1}(t)]e. \qquad (6a)$$

A Lyapunov pair for the homogeneous part of (5b) is available as

$$v_c(x,t) = x^TB_c(t)x$$
$$\dot{v}_c(x,t) = -x^TC_c(t)x. \qquad (6b)$$

At a quick glance, the systems defined by (1)–(4) appear equivalent to the class of linear stochastic optimal control systems with arbitrary quadratic performance and arbitrary statistical models for additive process and measurement noise. However, a closer inspection demonstrates that this is not the case. In fact, the class of linear deterministic estimation and control systems given by (1)–(4) can be shown to include the class of linear stochastic optimal control systems as a proper subclass.

It is important to note that a direct equivalence is prevented by the factors of $\tfrac{1}{2}$ in the estimation and control gains of (2). In other words, the fact that the estimation and control gains are governed by matrix Riccati equations does not necessarily imply optimality, but merely assures the propagation of the definiteness properties that are required for absolute stability. It will be shown that linear stochastic optimal control systems meet additional restrictions that amount to a lower bound on relative stability. This bound on relative stability corresponds to Kalman's circle criterion for the restricted stationary case.

For the sake of brevity, the equivalence properties will be developed only for the estimation dynamics. The generalization to control is straightforward. The stability properties of the deterministic filter are given by the Lyapunov pair of (6a) subject to the matrix Riccati differential contraints of (3). In contrast, the stability properties of the Kalman–Bucy filter [1] are those of the equilibrium solution of

$$\dot{e} = [F(t) - \Sigma(t)H^T(t)R^{-1}(t)H(t)]e \qquad (7)$$

where $\Sigma(t)$ is the conditional covariance of process state which satisfies a matrix Riccati equation of the form

$$\dot{\Sigma} = F(t)\Sigma + \Sigma F^T(t) + Q^*(t) - \Sigma H^T(t)R^{-1}(t)H(t)\Sigma. \qquad (8)$$

If we let

$$v(e,t) = e^T[\Sigma^{-1}(t)]e \qquad (9)$$

it follows from (7) and (8) that

$$\dot{v}(e,t) = -e^T[\Sigma^{-1}(t)Q^*(t)\Sigma^{-1}(t) + H^T(t)R^{-1}(t)H(t)]e. \qquad (10)$$

The Lyapunov pair of (9) and (10) demonstrates the well-known result that, subject to uniform complete controllability (to process noise) and uniform complete observability, the Kalman–Bucy filter will exhibit UASIL. The controllability and observability requirements prevent $\dot{v}(e,t)$ from vanishing identically along any

Biografías

Francisco Javier Muros finalizó sus estudios de Ingeniería de Telecomunicación en 2004, recibió el Diploma de Estudios Avanzados en Automática y Robótica en 2008, y se doctoró *cum laude* y con Mención Internacional bajo el Programa de Doctorado de Automática, Robótica y Telemática en 2017, todos por la Universidad de Sevilla. Su tesis fue galardonada con el 2º y 3er premio en los certámenes de mejor tesis de doctorado, otorgados respectivamente por la Asociación Ibérica de Sistemas y Tecnologías de Información (AISTI), y por el Comité Español de Automática (CEA) en colaboración con la editorial Springer. Está acreditado como **profesor contratado doctor** y **profesor de universidad privada** por la ACCUA y por la ANECA desde 2023, año en que le fue reconocido su primer **sexenio de investigación**, también por la ANECA, en el tramo 2012-2017.

Desde 2005, trabaja en el **Centro de Operación Sur de la Red Eléctrica de Endesa (grupo Enel)**, desempeñando los cargos de **técnico gestor de operación remota** en el centro de control de **media tensión** en el periodo 2005-2022, y de **técnico superior de operación remota** en el centro de control de **alta tensión** a partir de 2023. En ambos puestos, ha adquirido amplia experiencia en la operación en tiempo real y mantenimiento de la red eléctrica. En 2014 finalizó el Máster en Proyecto, Construcción y Mantenimiento de Infraestructuras Eléctricas de Alta Tensión, por la Universidad Pontificia Comillas-ICAI, siendo coordinador de contenidos de dicho máster entre 2015 y 2016. Además, desde 2019, trabaja como **profesor asociado doctor** en la **Universidad Loyola Andalucía**, impartiendo docencia de grado en castellano e inglés, y tutelando trabajos fin de grado y fin de máster relacionados con la robótica industrial.

Francisco Javier pertenece al Grupo de Investigación TEP-116 «Automática y Robótica Industrial» de la Universidad de Sevilla desde 2010, donde participa activamente como investigador, dirigiendo dos tesis doctorales en la actualidad. Es autor o coautor de más de 30 publicaciones científicas, destacando **11 artículos indexados en JCR** (6 Q1, 4 Q2, 1 Q4), 19 publicaciones en congresos internacionales y el libro *Cooperative Game Theory Tools in Coalitional Control Networks*, Springer, 2019. Ha participado en los **proyectos de investigación de la Unión Europea** *DYMASOS* **y** *OCONTSOLAR*, y en diversos proyectos a nivel nacional y autonómico. Realizó una estancia de tres meses en el *Department of Data Science and Knowledge Engineering (DKE)* de la Maastricht University, Países Bajos, en 2016. Sus principales líneas de investigación comprenden el control coalicional, la teoría de juegos cooperativos, la mejora de la eficiencia energética y el control predictivo distribuido.

Javier Aracil es actualmente profesor emérito de la Universidad de Sevilla. Durante su vida activa desempeñó diversos cargos académicos, como secretario y administrador (1971-72), subdirector (1972-74) y director (1974-76) de la Escuela Técnica Superior de Ingenieros Industriales de Sevilla. También ha sido vicerrector de la Universidad de Sevilla (1981-82) y director del Departamento de Ingeniería Electrónica, de Sistemas y Automática de la misma universidad (1987-93). Miembro fundador y primer director de AICIA (Asociación de Investigación y Cooperación Industrial de Andalucía), concebida para fomentar la colaboración entre industria y centros de enseñanza superior.

Su trabajo de investigación se ha desarrollado en torno a las aplicaciones de la teoría de sistemas dinámicos al modelado y control de sistemas técnicos y socioeconómicos, prestando especial atención a la teoría cualitativa (bifurcaciones, perspectiva global respecto a los modos de comportamiento, cambio cualitativo, caos, etc.) de los sistemas dinámicos. En este contexto ha desarrollado una línea original de investigación, que le ha otorgado reconocimiento internacional al ser galardonado con el **Jay W. Forrester Award** en 1986, que otorga anualmente la *System Dynamics Society*. Asimismo, ha realizado aportaciones a la ingeniería de control, entre las que cabe destacar sus contribuciones al control del péndulo invertido.

Por estas contribuciones, y por su aportación genérica al desarrollo de la investigación técnica en Andalucía, ha recibido el **Premio Andalucía de Investigación Científica y Técnica «Maimónides»** en 1990 (máximo galardón de la Junta de Andalucía para premiar la investigación científica y técnica). Ha sido distinguido con el **Reconocimiento a la Excelencia Docente** (curso 1998-99) por la Universidad de Sevilla. **Honoree** en el *Sixth Biannual World Automation Congress* (WAC) en 2004, por su contribución al modelado y control de sistemas no lineales con aplicaciones en diversos campos, así como por la promoción y desarrollo del sector de la automática. **Medalla Puig Adam**, otorgada en 2004 por la Fundación para el Fomento de la Innovación Industrial en reconocimiento a su labor técnica, científica y profesional y su influencia en la mejora de la ingeniería industrial. **Medalla de Honor al Fomento de la Invención**, otorgada en 2005 por la Fundación García Cabrerizo. En 2006, fue **Premio Nacional de Automática**, otorgado bienalmente por el Comité Español de Automática (CEA), miembro de la

International Federation of Automatic Control (IFAC) y, ese mismo año, **Premio FAMA** y **Premio a la Divulgación Científica**, ambos otorgados por la Universidad de Sevilla.

Ha sido investido **doctor *honoris causa*** por la Universidad de Málaga en 2013. Es **académico numerario fundador** de la Real Academia de Ingeniería de España (de la que fue vicepresidente de 2011 a 2015) y **académico numerario** de la Real Academia Sevillana de Ciencias. Además, es **académico honorario** de la Real Academia de Medicina de Sevilla.

Es autor o coautor de múltiples publicaciones, entre artículos de revistas de primer nivel como *IEEE Transactions on Automatic Control, IEEE Transactions on Circuits and Systems, IEEE Transactions on Systems, Man, and Cybernetics, IEEE Transactions on Fuzzy Systems, International Journal of Bifurcation and Chaos, International Journal of Control, Systems Research, Systems Dynamics Review, International Journal of Systems Science*, entre otras, capítulos de libros monográficos y comunicaciones a congresos. También es autor de los libros *Introducción a la Dinámica de Sistemas*, Alianza Editorial (edición francesa con el título *Introduction a la Dynamique des Systèmes en Presses Universitaires*, Lyon, 1984; tercera edición española en 1986) y de *Máquinas, sistemas y modelos*, Tecnos, 1986, y coautor de *Práctique de l'Automatisation Integrée*, Dunod, 1974, (versiones española *Introducción a la Automática Integrada*, Editorial Alhambra, 1974, e inglesa *Practice of Integrated Automation*, North-Holland, 1975) y de *Métodos Cualitativos en Dinámica de Sistemas*, Secretariado de Publicaciones de la Universidad de Sevilla, 1993. También es coeditor de *Stability Issues in Fuzzy Control*, Springer, 2000.

En la actualidad, dedica su jubilación a reflexionar y escribir sobre la especificidad de la ingeniería, cuestión a la que ha contribuido con distintas publicaciones como *Fundamentos, Método e Historia de la Ingeniería. Una Mirada al Mundo de los Ingenieros*, Editorial Síntesis, 2010; *Los Orígenes de la Ingeniería. Esbozo de la Historia de una Profesión*, Secretariado de Publicaciones de la Universidad de Sevilla, 2011; *Ingeniería: La Forja del Mundo Artificial*, Real Academia de Ingeniería, Madrid, 2017; y *Añoranzas y Desengaños: Una Vida en una Escuela de Ingenieros*, Editorial Universidad de Sevilla, 2020.